性格卡片

周泽雄 著

山西出版传媒集团　山西教育出版社

图书在版编目（CIP）数据

性格卡片 / 周泽雄著 . -- 太原 : 山西教育出版社 , 2014.10

ISBN 978-7-5440-5418-8

Ⅰ . ①性… Ⅱ . ①周… Ⅲ . ①性格 - 通俗读物Ⅳ .

① B848.6-49

中国版本图书馆 CIP 数据核字 (2014) 第 067669 号

书　名：性格卡片

作　者：周泽雄

出 版 人：雷俊林

出版策划：孙　铁

责任编辑：潘　峰

书籍设计：后声 HOPESOUND Pankouyugu@163.com

出版发行：山西出版传媒集团・山西教育出版社

（地址：太原市水西门街馒头巷 7 号 电话：0351-4729801 邮编：030002）

印　装：山东临沂新华印刷物流集团有限责任公司

开　本：787x960　1/16

印　张：16

字　数：180 千字

版　次：2014 年 10 月第 1 版 2014 年 10 月山西第 1 次印刷

书　号：ISBN 978-7-5440-5418-8

定　价：32.00 元

目录

自序

历时一个多月，将80张“性格卡片”修改完毕，我打开客厅里的高清播放器，打算找一部电影犒劳自己。正值第86届奥斯卡颁奖季，吸引眼球的影片众多，其中就有汤姆·汉克斯主演的《菲利普船长》。

叙事主题是关于索马里海盗的，看腻了假到极致的超级好汉，我们终于等来一位活生生的现实英雄。在货轮遭到海盗劫持后，菲利普船长表现出极大的勇气，也展示了真实的恐惧，我相信正是后者，让他获得了更多共鸣。扪心自问，我们谁敢确认自己会比老船长表现得更好呢？有更多的镇定？更少的畏怯？但是，有一个人能够做到，并且已经做到了，他就是电影中那个满口龅牙、瘦成竹竿状的海盗头目穆斯。

相比菲利普船长，索马里海盗的带头大哥穆斯展示出的勇气，更让人震撼。在那艘悬挂着美国国旗、满载联合国救援物资的现代化货轮马士基·阿拉巴马号面前，四名海盗乘坐的小艇是那么渺小，他们手上的四支冲锋枪，也远非一种征服者力量，但是，穆斯及其同伙以无畏的坚定、智勇双全的沉着，向那艘庞然大物发动致命攻击，看上去就像一只老鼠在追杀狮子。这可能吗？鼠辈也有自己的伟业，他们做到了。在极具对比性的画面前，观众不免感叹，并非只有公认神圣的事业，才能召唤出伟大潜能，非凡的贪婪、卑劣的居心，同样能集聚非凡勇气。假如这些海盗拥有一个为人称道的高尚目的，我敢说，他们一度取得的成功简直是史诗性的，他们向阿拉巴马号发起的出色攻击，配得上任何形式的赞美。然而，他们什么都不是，他们甚至不是恐怖分子——恐怖分子至少还能把自己的行为标榜为圣战——仅仅是一伙以打劫为生的海上强盗。看来，性格的确具有超然于道德观、价值观的功能，无论我们是否接受，一种至为难得的超卓性格，往往给凶徒带来意外的点缀。善良者拒绝承认的一个现实是：做一个出色的暴徒，同样需要一种诗人般的天赋。正义的天平即使存在，更多时候也只存在于人们的想象之中。

回到我这本小书，它涉及了那么多性格，但就性格世界的无限丰富性而论，我的分析和描述注定是挂一漏万的。性格林林总总，指向各异，有些是基础性的，具有浓郁的原始气息，比如嫉妒和贪婪，我们无法诚实地否认它的存在，个别拒绝尘世利禄的人，对来世的欲求也许比谁都强烈。有些性格是生存性的，是人之为人的必要配备，我们总会在生命的某些时候需要它们。谁不应该具备一点忍耐能力呢？难道有人竟会幸运到这种程度，不仅从未遇到生活、情感上的意外和苦恼，甚至连牙科诊所都不需要去一趟？有些性格是升华性的，它未必有助于人的现实人生，但肯定有益于人的精神发展，比如虔诚。有些性格则是意义性的，我们确定它只会存在于人类之中，比如幽默。猴子固然不时令人发笑，但猴子并不幽默。有些性格恐怕是诗意性的，我们说不清它有什么现实功用，但它会让我们的梦境闪闪发光，如惆怅或怀旧。有些性格则是价值性的，即使我们较少地具备它，我们也愿意具备它，比如正直。

且慢，你是说“正直”？正直难道不是一种品质？它何时变成了性格？正直当然是一种品质，但一个公认正直的人，通常也就具备了与此相关的诸种性格。正如惆怅其实是一种情调，撒谎则是一种行为，它们不是严格意义上的性格条目，但脱离了这些情调和行为，真切体味性格又如何可能呢？性格依附于有血有肉的个体之中，它从来无法抽象地理解。

这本小书不具有任何工具书特质，构成本书的80张卡片，我更愿意把它看成一组专题文学随笔。写下这些卡片，不是自以为对人类性格有多么了解，而是满足自己了解人性的渴望。我确信，这份渴望人皆有之，所以，我才把它交给出版社，以便转呈至您的案头，供您消遣，博君一乐。

期待着您的批评和指教。我的电子信箱是：

zhouzexiong@gmail.com

周泽雄

于上海梅陇

傲慢

◇ 傲慢，就是以煞有介事的言语和威仪，完成对名誉的强取豪夺。

一个家伙，如果智力上确有两下子，能力上却是三脚猫，又深恐别人认识不足，就会借助种种傲慢之举，强迫我们进入他圈定的评价体系，承认其地位和尊严。傲慢，就是以煞有介事的言语和威仪，完成对名誉的强取豪夺。

当然，强扭的瓜不甜，傲慢者未必有此清醒认识，傲慢的承受者大多心知肚明。

我们知道，修养即节制，这份节制，常常表现在对内心涌起的卖弄欲实施钳制或专政。对大多数人来说，修养是一个狱吏，其功能不是防止外人贸然进入，而是阻止内部叛逃。在我们内心世界里，最具越狱冲动且越狱手法最高明的，便是自以为了不起的种种长处了。卖弄长处，原属生命的自然冲动，即使这份卖弄常会惹人不快，我们也不必剥夺依附在“傲慢”上的生命合法性。傲慢是一股野性本能，天然具备勃勃生机，至于谦虚，不过是一种瞧着顺眼的文明构件，并无多少自然属性可言。揆诸动物界，傲慢的动物屡见不鲜，谦虚的动物却打着灯笼也难找。

我们承认，一个人养成傲慢之习，通常意味着他有点能耐。至于这能耐到底有多大，还需斟酌他傲慢的对象。一个专喜向弱势群体端脸摆谱的家伙，能耐多半有限，甚至可以忽略不计；而一个敢于在强劲对手面前高视阔步的人，则未容小觑，如果他还兼具“俯首甘为孺子牛”的品质，我们更要对他敬仰不只一处。两类傲慢，境界不啻霄壤。

另一方面，通过对傲慢的敏感度，也能分出不同流品。傲慢，如果只是针对下层民众，则表明这家伙还不配傲慢，他只是企图从弱势群体中赚回失落的尊严而已。他忘了，弱势群体也有自身的尊严，弱势者的尊严原本少得可怜，焉能容忍傲慢者将它席卷而去。冒犯小人物的尊严，效果与惊扰蜂群差不多，傲慢者必会浑身被蜇，得不偿失。相反，倒是那些能力超卓的人，才深具容人之德，对傲慢之徒等闲视之，一笑了之。华盛顿·欧文写道：“人对自身地位越是满意，越不会去冒犯别人；而粗鄙有野心的人往往最富攻击性，乐于贬低别人，以此抬高自己。”

希望大人先生平等待人，不端架子，这是升斗小民的集体期待，但考虑到大人先生通常未必具有美好的德行，这一期待十有八九会落空，大面积泛滥的傲慢即是明证。我以为，大人物的摆谱几乎是一种自然现象。例外固然也有，但我更想急着指出，有些大人物的所谓“平易近人”，乃是一种更高境界的摆谱。当寻常摆谱不足以显示其身价时，他会借助平易近人来取得突破。可见，不管从哪个角度看，拒绝摆谱的家伙，总是更厉害些。

傲慢的两面性在于，它固然会使他人倍感痛苦，却给傲慢者带来无上快感。就像没有人愿意拿自己的血去喂饱蚊子一样，也没有人愿意用审美的态度欣赏他人针对自己的傲慢（如是针对他人，则当别论），但对傲慢者来说，展示傲慢是一条必由之路。狮子没有任何理由在狗面前显出虚心好学的样子，正如狗不可能对狮子流露骄矜之色。用拉罗什福科那句箴言味十足的话来说，则是：“拥有被广泛颂扬的功绩的人们，无需比那些还在用一些小事来赋予自己价值的人更谦虚。”很少有学生指责老师傲慢，因为相同的行为由于双方年龄、心智上的差异而获得心理确认，以致一位师长在学生面前虚怀若谷，反会使学生怀疑起他的能力来。傲慢通常来自同龄人之间，来自那种由年龄相仿所产生的旗鼓相当感。当这份“彼此彼此”的感觉遭到破坏时，傲慢便如不羁的野火，迅速燎原开来。傲慢与自负不同，自负乃愚蠢的傲慢，傲慢属合理的自负。傲慢者也会有谦虚的时候，即当他意识到对方比自己更有理由傲慢时。美国网球明星麦肯罗乃出名的坏孩子，球场上掷拍子、骂裁判几乎成了家常便饭，但当他的对手是伟大的瑞典人博格时，他每次都显得谨慎和乖觉。

傲慢与炫耀不同，傲慢是居高临下的，是为了表现自己的天赋高贵，炫耀则身居下位，仅仅希望他人别小瞧了自己。上司会对下级傲慢，却不太可能向下级炫耀。举个现成的例子，阿Q先生并不傲慢，却最喜炫耀。傲慢善于制造威严，区别是，以傲慢为原料的威严，就像以劣质酒精为原料的烈酒，味道难免差劲些。虽然出自地位的傲慢是最常见的，但也恰巧是傲慢家族中最不值得推崇的，因为地位升降不定，飘忽如风，一旦双方易势，原来的傲慢者甚至会有痛不欲生之感，那又何苦来呢。

悲观

◇ 悲观，在我看来，是一种强悍有力的性格，由意志作先导，由思想作基石，它并不需要通过眼泪来增加说服力，通过手帕来强化剧情效果。

有鉴赏力的读者爱读悲观作家的作品，无论什么人都喜欢与乐观者交朋友。这部分说明，悲观更接近理性，乐观更接近感性。因为接近理性，故悲观中的感性成分往往格外深长有味；因为只在感性中打转遛弯，故乐观就像一只外表逗乐的胖猪型储物罐，内里未必有多少银两。

悲观者总可以说出点理由，即使这理由颇似杞人忧天，乐观则很少出自深思熟虑，它纯如一派天风，感染世人，融融自身，本身却只是一股无意识的流露。其实，就词汇而论，“乐观主义”也不无可疑，因为“乐观”恰恰很难高攀成“主义”，除非这个世界也能容忍蒙昧主义、无知主义、荒唐主义和无赖主义。人们经常提到智者的乐观，究其实乃是某种达观，与乐观只具有皮相上的姻缘。

何谓达观？那是看破人事的明朗，穿透黑幕的清澈，那是苦海彼岸的粲然拈花，经历了看破红尘的虚妄之后转而对红尘回眸一笑。看破红尘是容易的，事实上这句话在生活中更多地只是一种扬言或少不更事者的“强说愁”，真正认识到红尘不必看破，认识到“看破红尘”恰恰是另一种形式的拘泥红尘，方是区区个人所能臻就的大智慧——如果他不想遁入空门的话。所以，生活中我们经常听到失恋的后生小子动辄拿“看破红尘”来说事儿，倒是历经坎坷磨难的中年人、老年人，偏偏不敢对“红尘”发表高见。作为一档子事的“看破红尘”，在青年人嘴里还自以为深沉得可以，听在一只有阅历的耳朵里，总是透着股稚气。水族没有必要看破大海，鸟类没有必要看破天空，因为那是它们的定命。同理，属于人类定命的红尘，也不适于用来看破，我们大可把玩它、感受它、理解它。说重些，看破红尘，更像一种精神上的自虐或找抽。当然，这已经逸出悲观的范畴了。

就时间而论，悲观乃黑夜的领地，乐观则是阳光播撒的善果。不过我们事先仍得区分两种悲观，一种由气质或临时事件决定，一种由性格或思想决定。由气质或临时事件决定的悲观，大多理由肤浅，且悲观者最终有可能以自杀方式寻求了断。此外，这种悲观也可能被心理分析医生治愈。如仅仅只是“忧郁”，则还不劳心理医生出手，只要没有发展到“症状”程度，单靠药物也有望控制。这更加说明，抑郁只是悲观的伪形，徒具悲观之貌，而无悲观之魂。由临时事件决定的悲观，最有可能发展为悲剧，比如女性因爱情上的挫折而一时想不开，常会演变出可怕的结果。但结果的严重并不能证明悲观的强烈，我们的情感并非总能与事件的规模保持同步，这也是不同类型的幸福或苦难不易横向比较的原因所在。

由性格或思想决定的悲观首先是无法根治的，其次悲观者往往没有任何气质上的病态，不仅如此，他还可能拥有健壮的体魄、敏锐的观察力和幽默的性格，个别情况下这个无可挽回的悲观论者还可能具有装卸工般的好胃口。哲学家中似乎不太有人比意志学说的创立者叔本华更悲观，但即使与乐观者比较，叔氏的胃口之好也是不遑多论的。叔本华还有一个古怪的推论，认为自己的大脑既然比别人出色，就理应比傻瓜们多吃几块牛排，以满足大脑的需求。——我感兴趣的是，他遇到胃口比自己更出色的人，如日本的相扑选手，不知又有何怪论。

真正思想上的悲观者，少有自杀的。悲观哲学家尼采晚年即使因神智上的障碍住进了疗养院，他也不曾割过静脉。大文学家海明威饮弹自尽，似乎生理上的原因更多于心理。总而言之，对于真正的悲观者，我认为他们天赋优异，精神世界也个个宽广浩荡，故不敢轻易评论，而对于整天端出一副愁眉苦脸的主儿，我首先要做的，就是把他清除出悲观的队伍。

悲观，在我看来，是一种强悍有力的性格，由意志作先导，由思想作基石，它并不需要通过眼泪来增加说服力，通过手帕来强化剧情效果。

另有一种国策上的悲观、乐观，亦可顺笔提及。每当政府领袖高举某种强有力的号召、民众又回报以巨大的激情时（表现为凡是质疑该号召者都可能受到生命、财产或职务上的威胁），事后看来，国家和民众便每每陷入巨大灾难之中。反之，则无此后患。比如，致力于阐发美国宪法理念的《联邦党人文集》，被公认是一本持论低调、着眼悲观的作品，但它却奠定了美国两百余年持续发展的基石。

卑劣

◇ 世上确实存在着天性卑劣之徒，他们的生命从呱呱坠地那一刻起，就一头扎向了地狱。

我们说某人卑劣，有时依据技艺法则，即手段拙劣，有时依据道德法则，即性质恶劣。前者仿佛不穿西服的阴谋、不戴手套的偷袭、充满大蒜气的辱骂等；后者不妨西装革履，戴着雪白的手套，那张刻薄话翻飞的嘴里，还飘出哈瓦那雪茄的醇香。

所谓技艺拙劣，也就是容易识破的卑鄙：他的行径不仅为人不齿，作为一桩“活计”还干得丑陋。包括显而易见的虚伪、一眼可辨的矫情、过于露骨的溜须拍马、不加掩饰的贪财好色、明目张胆的剪径劫掠、全无心肝的矢口撒谎、死乞白赖的纠缠、恬不知耻的勾引、落井下石的残忍、背信弃义的构陷等等。手段拙劣者，固为君子诟病，伪君子同样不屑，是命定的三流角色。

所谓性质恶劣，则无论手段是否高明，都难逃卑劣之实。凡是对人类公认的道德观、价值观、是非观持公然对抗态度的行为，多属板上钉钉的卑劣。说“大多”而不是“全部”，是因为我想在表达上留有余地，避免误伤那些立志颠覆人类传统价值观的杰出人士。大致说来，两个成年人之间发生的事，不管是欺骗、通奸还是仇杀，都未必被指责为卑劣，名利场上的失败者指责获胜者手段卑劣，更可能给自己制造笑料。但成年人施诸孩子的欺骗，青年人施诸老年人的暴力，政府机构针对平民百姓的“瞒和骗”，人类针对动物的虐杀，即使程度较轻，仍属卑劣无疑。凶杀是残暴的，却未必是卑劣的，然碎尸行为必然卑劣无比，即使凶犯具有庖丁解牛的手艺。——附带一提，我每次顺应本邦饮食之俗，将浸泡在烈酒中的活虾（菜名“炝虾”）塞进嘴里之时，都会深惭自己的卑劣。自知卑劣而仍频频举箸，又足见卑劣于我荼毒之深。

可见，我们对于何为卑劣，标准并不统一。此外，一方面由于正义感也属人的天性，另一方面热衷于表现自己的正义感，更是人的下意识冲动，这便提醒我指出下一点：人类还有一种动辄将他人指责为卑劣之徒的倾向，只要对方的行为有可能与卑劣稍稍沾点儿边，我们动用起“卑劣”来往往不加迟疑。显然，将别人指斥为卑劣，绝大多数情况下会使指责者的心情好受些，会使他不自觉地提升自己的道德积分。比如，我们的新闻媒体只要遇到马路行骗、网络欺诈之类的事情，报道时总不忘缀上一句：“其实这些罪犯的犯罪手法并不高明。”好像不如此表白，自己的智力就会低下些似的。殊不知千篇一律的“并不高明”说，在廉价成全了媒体智力的同时，也对那些不幸的受骗者（他们多为年老体弱者）构成双重打击：他们刚刚被坏蛋骗走了财物，转眼又被我们为民请命的媒体奚落成白痴，堪称人财两空。

世上之有卑劣者，就像世上之有饕蚊鼠辈一样，是一件无可奈何的事。

不管我如何渴望实现人与人之间的社会平等，如何警惕着别去无端贬低他人，但正如智力上的不平等乃是无可回避的事实，人的道德提升能力也各有高下。对每一个卑劣之徒，我们都能在教育、环境等方面找到其堕落之由，但我们也知道，相近的受教育程度、相似的社会环境，却没有使另一个人走向堕落。人之走向卑劣还是高尚，冥冥中更由自己做主，人们寻常搁在嘴边的所谓“劣根性”“贵族气质”“蓝色血液”，也非无因而至。这方面，文学世界的大师们向我们提供了足够丰富的人物典型，描述世上确实存在着天性卑劣之徒，他们的生命从呱呱坠地那一刻起，就一头扎向了地狱，再好的教育，再优秀的环境，再多的爱心，也无力把他们拽回。也许，从受孕那一刻起，他们的生命已经构成了错误。

卑劣与高尚，这是性质迥异而又无法异性相吸的两极，它们连起码的彼此理解都做不到。我怀疑，人之趋向卑劣还是高尚，具有性格上的决定性。但愿未来的生物学家借助基因科学，能够向我们解释这一点。

猜忌

◇ 恋爱中的女人较男人更容易嫉妒，权力场中的男人无疑比女人更容易猜忌。嫉妒常常体现为一股盲动的力量，猜忌则准确而犀利。嫉妒是夏天的情感，猜忌属于砭骨的严冬。嫉妒如骨鲠在喉，猜忌如芒刺在背。

嫉妒，不是由血液策动，而是由大脑发动。

猜忌与嫉妒的区别有二：一，领域不同，嫉妒主要在情感领域施展才华，猜忌则在权谋世界倒腾手脚。二，嫉妒相对是一种内敛的情感，有时只满足于独自愤愤地咬破舌头；猜忌则具有扩张性，一般也更注重行动，追求手法，强调效果。嫉妒者以一双发绿的眼神使人不安，猜忌者有可能以一把锃亮的匕首让人出血。如果说恋爱中的女人较男人更容易嫉妒，权力场中的男人无疑比女人更容易猜忌。嫉妒怎么说也属于抒情范畴，只是那把琴咿咿呀呀地跑调了，聒耳了；猜忌则属于权谋范畴，通常由权力蒸发形成，极端情况下有可能形成致命的蘑菇云。嫉妒常常体现为一股盲动的力量，猜忌则准确而犀利。

嫉妒符合近距原则，不相干的人、社会等级过于悬殊者，不易产生嫉妒。嫉妒多少有点弱视和躁狂。猜忌虽然不是遵循远距原则，但它的生成机会确实比嫉妒更难防一些，目标明确，目光甚至称得上炯炯有神。猜忌是一个坚定的行动家，与嫉妒的被动性不同，猜忌往往来自主动发难。阴谋被演算成了一道方程式，暴烈的情绪在计划的调整下，逐渐平静下来，仿佛一支正在不断调整准星的狙击枪，手指始终搭在扳机上，随着胸膛起伏渐趋平稳，直至对象进入了射程。嫉妒是夏天的情感，猜忌属于砭骨的严冬。嫉妒有可能让人不胜其烦，猜忌则冷不防让人一命归西。嫉妒常会让嫉妒者乱了方寸，猜忌只会让猜忌者意志坚定。

嫉妒别人和遭人嫉妒，某种程度上都是不可避免的，我们应该看开些。归根结底，嫉妒无非出于情感上的自我平衡需要，它的害处常常被夸大了。猜忌则不然，它怀揣着重新调整自身权力结构的居心，它不以冲动面目示人，而是携带着某种可怕的能量。如果嫉妒是个搅局者，猜忌就是一个破坏者、施暴者、僭越者、暗算者。两个嫉妒者很难友好相处（试想生活中的一对情敌），两个猜忌者却可能聚在一起，推杯换盏，玩笑不断，将各自的敌意沉到心灵的井底，表面上却一派祥和蔼然。嫉妒如骨鲠在喉，猜忌如芒刺在背。骨鲠在喉，你可以通过服药、水洗或手指抠除法加以解决；芒刺在背，则你根本不清楚袭击来自何方。嫉妒者因为情感过于激烈，常常无暇讲究技巧，嫉妒的女人甚至会急火攻心地走上前台。猜忌者的情感固然也极为激烈，但由于得到“深沉”的有效调控，再加上权力场较之情场从来诡谲得多，所以猜忌者惯以隐身人面目出现。猜忌者与自己的猜忌对象，甚至会形同好友。当代中国人通过林彪这个具有教科书意义的形象，不难理解猜忌的可怕。

有情场就有嫉妒，有权力场就有猜忌。嫉妒往往来自情场争斗中的弱势者，猜忌则不然，大臣会对君王猜忌，君王也会对大臣猜忌。前者如林彪，后者如宋太祖之“杯酒释兵权”。所谓“一日不见于君，忧惧于谗矣”，“一朝不朝，其间容刀”，说的都是权力场上的凶险。人间最大的嫉妒可以成为小说家的绝佳题材，人类最大的猜忌则主要由历史学家撰写。

相对来说，我们知道谁在嫉妒自己，却不清楚谁在忌恨自己。

然而，说清楚嫉妒与猜忌的区别并不容易，习惯上人们总是将两者混为一谈。这好像也没错。我想再补充一点：嫉妒之罪，主要由民事法庭处理，猜忌之罪，有可能交付刑事法庭。嫉妒可畏，猜忌可怖。《圣经》中人类第一对兄弟“该隐的猜忌”，直接导致了第一场凶杀案。无独有偶，《史记·五帝本纪》中倨傲的象对其胞兄舜的猜忌，也演出了中国文学史上第一桩谋杀未遂案。

残忍

◇ 残忍之徒与我等凡人最本质的区别是，他具备一种将他人理解为牲畜的世界观，他虐待、屠杀同胞时，心情平静欢快，仿佛自己在厨房里准备晚餐。

在一部电视新闻纪录片里（中央电视台“今日说法”《父子情仇》），看到这样一个混蛋，他相貌斯文，受过较完备的基础教育，但有如下劣迹：经常在家里打骂父母、妹妹，并以谋杀相威胁，妹妹和母亲被逼出逃外地，老父则独自躲到单位里避难；为了满足自己游手好闲的习惯，将父母家中物品变卖一空；分别与两个陌生女子生有一女一男，女婴被他转手倒卖，换得3000元人民币，儿子被寄养在一善良老妇家里，却自始至终不曾探望过一回，也没有承担过一分钱抚养费；殴打妹妹时为避免留下伤痕，总是先用枕头罩住妹妹的头，再狠出老拳；虐待母亲时竟把香烟头扔在母亲床上，在大冷天把母亲的被子扔在外面雨地里；为了强迫父亲交钱，经常拿菜刀抵住父亲脖子……这个畜生后来死于父亲之手。

我的简略叙述，应已能够说明残忍的面目。我想说的是，当时看后，我曾自问：我有能耐用艺术手法把这家伙塑造出来吗？把他的心理清晰、准确，合乎“残忍”逻辑地塑造出来？我做不到。

人天然具有判断并理解他人性格的能力，这也是促使我撰写本书的原因，但“残忍”是个例外。我发现，不仅本人不具备从该性格内部接近其本质的能力，古今中外那么多文学名著中，我们几乎见不到一个在心理上完全成立的残忍家伙，尽管，作家们塑造起吝啬鬼或多情郎来，往往驾轻就熟，笔墨也特别容易生花。我们在好莱坞影片里经常见到残忍至极的家伙，但稍一过脑，就会发现导演只是偷懒地展示人物的残忍行为，试图用画面的血腥弥补人物心理的无能，通过视觉冲击力来使人们思维瘫痪，无暇思考其中的性格因果，或干脆避重就轻，将人物的残忍归结为某种心理变态。一笔一画均能郑重其事、不加躲闪地将人物的残忍心理逐层展示的作家和作品，恕我孤陋寡闻，确实未见。

然而残忍作为一种性格，是谁都不能否认的，正如前面提到的那个混蛋，谁也没法说他不是混蛋。这就是说，“残忍”分明是一种谁都不陌生的性格，我们为什么如此难以捕捉到它呢？

愚见是，我们也许搞错了问题的方向，即我们都试图将“残忍”理解为一种异己或古怪的心理，仿佛人类中确实存在一类真正意义上的“狼心狗肺”之徒。差矣，世上并没有不可理解的“残忍”，说得准确点，世上并没有一种比你我都曾做过的行为更残忍的，比如说，比广东人活吃猴脑或南方人活煮大闸蟹更加残忍的行径，严格上并不存在。所谓“残忍”之徒，不过是将人类寻常用以对付牲畜的行为，转而对待人类自身罢了。只有在这种时候，“残忍”才会发生。所以问题的关键不是手段如何卑劣、如何令人发指，而是行为的对象。

残忍之徒与我等凡人最本质的区别是，他具备一种将他人理解为牲畜的世界观，他虐待、屠杀同胞时，心情平静欢快，仿佛自己在厨房里准备晚餐。当一个人由于教育、经历或别种我们不得而知的身心原因而萌生不把别人当人看的心理时，“残忍”就登场了。残忍者不必有“我很残忍”的自责，正如我们扭断鸡脖时，不会有任何自责一样。有道是“非我族类，其心必异”，在残忍者眼里，我等恰巧万分不幸地沦为“异类”了，所以，我等看不懂他的心迹，也就毫无可怪。关键是，他倒不是看不懂他人的心迹，而是不想看懂、懒得看懂，正如我们也曾懒得看懂临刑前的老牛心理。曼德施塔姆夫人曾说过，“一头公牛在被送往屠宰场的时候，还会试图撞倒、踩踏那些肮脏的屠夫”，以表达自己的愤懑和绝望，可惜这样做“毫无成功的先例”。

我们视残忍者为同类，他却视我等为异类，分歧就在这里。几乎在所有唆使一类人将另一类人整体看成渣滓的场所，都会出现大面积、群体性的残忍行为，如监狱、纳粹集中营、极权体制下的劳改农场、种族灭绝场所等。原因是，施刑者在展示残忍时，内心甚至还可能萌发正义感。我相信，当年那些红卫兵在摧残自己的老师时，就是这样想的，他们把老师当成了社会毒瘤，从而把自己的残忍假想成匡扶正义。他们这样想的一大前提，就是大脑已受到了清洗，所以，残忍是认识论上的问题。

谄媚

◇ 谄媚是进取的，意欲攫夺的，谄媚者的低调进入，正是为了有朝一日能够高调跑出。谄媚也许是一种赌博，一种名利场上的投资行为。

谁都不愿对谄媚者正眼瞧几下，谁都知道谄媚乃小人伎俩、侏儒行径、泼皮招数、丢人嘴脸，然而谄媚的家伙却能在社会上无往而不胜，像敏捷的猴子顺着杆一路爬上高枝。其中奥妙到底何在呢？

也许与我们骨子里的自恋有关。

谁都多少有点自恋，有人自得于相貌上胜人一筹，有人自诩品德上高人一等，有人恃才自傲，有人仗酒自豪，有人自以为精明过人，有人自负口才出众，有人陶醉于一脸娇嫩的肌肤，有人沉醉于一身横练的肌肉。然而造物主的有趣兼促狭之处在于，我们自以为是的种种长处，也是最弱不禁风的软肋，正是在该领域的自以为是，诱使我们对它丧失了判断力和内省力。考虑到没有人愿意充当无名英雄（历史上的无名英雄多是被迫的、强加的、追认的），希望自己的能力或天赋得到承认，本是最稀松平常的心理，于是，那些让我辈洋洋自得的长处，遂不期然成为一座不设防的心灵空地，供谄媚者上下其手，售其奸计，逞其私利。

举例来说，以蛮力自夸的家伙，你赞他的字写得漂亮，一点用都没有，这方面他毫不在乎，老练的谄媚家会试着夸夸他天神般的力量，或故意和他掰掰手腕，让自己充血的颈项、暴突的眼球、龇咧的牙床，完成对这位巨无霸的崇高礼赞。对一个乍看之下一腔正气的领导——亦即理论上最难以被谄媚之徒击倒的人——谄媚家亦能找到下手处，他不必掏一分钱、哈一下腰，只要换一副绝无媚态的面目，再逮着机会说上几句类似“当代包公”“两袖清风”的美言，就能把他轻轻放倒。因为“当代包公”或“两袖清风”云云，正是这位青天大老爷自我感觉最好的地方，他会拒绝一切别类谀词，唯独在这些词儿面前放松警惕，他倾向于将有关廉洁的所有赞美视为实事求是，有理有据。于是，这块自我感觉最好的地方，也就歪打正着地成了自我认识的盲点，听任谄媚之徒尽情拨弄。这道理就像我们的眼睛可以看到一切，唯独看不到眼睛本身。

借用物理学的能量概念，我们还能把“谄媚”看得更真切一些。谄媚总是一种降低、损耗自身人格的行为，但这些被耗散的人格就像物理上的能量一样，并没有突告消失，而是鬼使神差地转化到了被谄媚者身上。这可以解释如下两点，一、为什么人们那么容易被谄媚击倒？这是因为在接受谄媚的过程中，他体验到一股前所未有的畅适感，感觉周身力量骤然增强，元气充沛，仿佛正被武林高手灌注上乘内功。结果，谄媚之于被谄媚者，相当于一种心理上的色情按摩。二、为什么生活中擅长对领导、上司胁肩谄笑的巴结之徒，对部下特别喜欢拿腔作调、作秀摆谱？这是因为他在谄媚领导时透支了过多的人格精力，心理大感亏空，本着能量守恒的物理规律，他只有从下级部属中加倍弄些尊严回来，才能使失衡的心态重归平衡。一个现成的例子就是，正是那些在上司面前受多大冤枉气也不敢吱一声的窝囊废，最容易回家后向妻子儿女挥舞老拳。相反，倒是那些经常有机会得到谄媚家献殷勤的领袖和明星们，逮着空就会表演一些平易近人的节目，对着话筒说上几句“平平淡淡才是真”的浅显道理。如已经获得“十亿个掌声”的邓丽君小姐，就曾经在舞台上向随便哪一个上台献花的男人询问年龄和婚否，草根气充沛得如一片热带雨林。

需要说明的是，谄媚与老实巴交者的“唯唯诺诺”不同。谄媚是进取的、意欲攫夺的，谄媚者的低调进入，正是为了有朝一日能够高调跑出。谄媚也许是一种赌博，一种名利场上的投资行为。而老实人的“唯唯诺诺”往往与天性有关，它是专注防御的退守，谈不上进取心，也与利益无关。谄媚者有可能去玩股票，老实人只会把钱存在银行。

沉着

◇ 沉着，看起来属于好男人的性格底色。作为一种男人极想攫取的品质，沉着难免也会出现大量赝品，就像对金钱的贪婪会催生一批伪币制造者。

一种好男人的品质，主要出现在中年阶段。

少年老成未必值得追求，它相当于性生理早熟，其中无奈的成分多，成熟的成分寡，偏颇往往大于均衡。如韩国天才棋手李昌镐之类“少年姜太公”，只能归诸特例，何况其中未必没有偏颇之处。历史上“小时了了”的神童，除了在音乐和棋类领域的成就较可展望外，多属“大未必佳”。伊拉斯谟在《愚人颂》里曾愤愤地写道：“任何人都憎恨早熟神童，厌恶在年轻的肩膀上长出个老人头。有句常用的谚语可以为证：‘少年老成诚可憎。’”青年人也没必要过早变得沉着，他因此丧失掉的激情体验，会使他的所谓“沉着”缺乏弹性，流于表面文章，一不小心还可能滑向冷漠。沉着是一种对生存竞争极为有用的品质，老年人理当退出人生的竞技场，要退就退得彻底些，犯不着涂上“沉着”的保护色。让中年男人独享沉着的品质，实在也应视为上天的安排，就像造物主也曾让少女独享娇嫩之色，让少妇独占美艳之质。

沉着，看起来属于好男人的性格底色。这话的意思是：一个好男人不管以何种性格示人，沉着总不该空缺。沉着相当于扑克牌游戏“争上游”里具有“百搭”功能的大王，有了它，左右逢源，缺了它，处处不顺手。有一则著名的服装广告，提到男人必须具备四种品质，分别是“男人要爽”“男人要忍”“男人要懂得爱”“男人要有才”。我们试着考察一下，这四种品质在缺少“沉着”做铺垫的情况下，会向何处发展。哦，拍拍脑门子就觉得不妙。不见沉着的“爽”，怎么看都有点像黑旋风李逵大爷的两把板斧，只知噼里啪啦地“向前向前向前”。没有“沉着”压阵殿后的“忍”，其前景也不会比“盲人骑瞎马，夜半临深池”更好一些，与怯懦不仅咫尺之遥，与卑微还可能是同义反复。男人在懂得“爱”之前，难道不是更应该懂得如何节制“爱”吗？如果不是，只知让“爱”哗哗地流，洒满人间，这样的爱与小盲童丘比特胡乱射出的箭，又有什么区别？而感觉不到沉着气质的“才”，充其量只是“为赋新词强说愁”级别的少年才气，无望上升为足堪大任的才华。杜甫或莎士比亚的才华，可不是靠薄如蝉翼的“才”就能办到的。才气与才情固然赖老天赐予，才华则更需要仰仗人的自身努力。没有一位伟大人物可以单纯依靠才气来成就非凡功名，在文人三才（才气、才情、才华）里，才华才是最后压阵的决定性力量。

可见，沉着是一种良好的分寸感，凡是需要分寸感介入其中的性格，都不该把沉着排除在外，而我偏偏不知道，哪一种可取的性格，竟会视“分寸感”为多余。极端情况下，沉着应指“泰山崩于前而不惊”的能耐，有本事谈笑间使“ 樯橹灰飞烟灭”，但这种场合不是大多数人都有幸遇到、有幸表演的。何况，剥离掉沉着中的戏剧化色彩，我们还更能看清沉着的用处。若换用我们曾经使用过的概念，即将沉着理解为一项系数，我们通过简单的搭配关系，就可以把它看得清楚些。

我们发现作为大众偶像的英国特工詹姆斯·邦德，其审美特性是“多情”乘以“沉着”的产物；英国首相丘吉尔的品质，是“机智”“果决”与“沉着”的乘积；中国总理周恩来的形象，取决于“忠诚”与“沉着”的默契配合，等等。

和所有优秀性格一样，作为一种男人极想攫取的品质，沉着难免也会出现大量赝品，就像对金钱的贪婪会催生一批伪币制造者。我的看法是：凡是外在表演过于充分者，多可存疑。比如我不会根据某人精心选择的衣着、步态，或吸烟的姿势、皱眉头的角度，判断他是否沉着。除了眼睛之外，我还得调用别种官能，主要是大脑。不过话说回来，在言行上尽可能做到从容不迫，对于培养自己的沉着品质，也确有益处，就像打拳有益健康一样。

总结一下，沉着往往是一种相对可见的外在举止，但我们还得试着观察它的内部。有时，沉着的品质也可能与某种散漫的外观珠联璧合，对此，我们大可不必拘泥于形迹，白白成全了那些只会用咳嗽声来提升男性气概的家伙。

冲动

◇ 冲动之所以由“冲”和“动”这两个汉字组成，正说明了它本身是盲目的，没法见机行事，按需生产。冲动利弊相间，优劣错杂，这使得我们无论赞美还是贬低它，都显出三分势利。

绝对冲动和绝对冷静，均难以想象。我们对冲动的态度，有点像父母面对顽皮的儿子，既被他的好动弄得烦厌，见他突然安静下来，又感到不安，这便摸起他的额头，看看小家伙发烧了没有。

冲动是好事者，经常误事坏事。反过来，一个从来不会冲动、始终节制自我的人，虽然不会耽误什么事，但所有好事也轮不上他，包括浪漫的爱情，飞来的横财，做事业注定成不了大气，这样的人只适合小本经营，在账房里记记算算。人生处处无屐痕，创造之于他就像麻雀之于闯入者，总是一哄而散。冲动是人生的辅料，颇似烹饪中的茴香、辣椒，缺了它未必不行，只是淡而无味；以它当主料当然更不可取了，就像我们不会来一盆清炒生姜。冲动是一个暧昧系数，乘上它有时得正数，有时得负值。当它得正数时，我们需要它赞美它；当它得负数时，我们贬低它奚落它。

然而冲动之所以由“冲”和“动”这两个汉字组成，正说明了它本身是盲目的，没法见机行事，按需生产。冲动利弊相间，优劣错杂，这使得我们无论赞美还是贬低它，都显出三分势利。比如作为读者或听众，我们巴不得李白或贝多芬生命不已，冲动不止，总是不加节制地用种种美妙字眼赞美他们的创造性冲动，然而，当自己读大学的女儿做出了某种在生理立场上无懈可击的行为时，大多数家长仍会毫不迟疑地将此斥为不轨，并不由分说地归罪于某个浑小子的邪恶冲动。然而这两种冲动的区别何在呢？应该说没有生理区别，只有文化区别。而文化上的区别总会带点诡辩色彩，弗洛伊德就发明了一个升华理论，那当然属于高级诡辩，几乎和真理长得一模一样了。

撇开升华理论，在现实生活中，我们也会发现冲动的两面性。一名乐队指挥，只要在指挥台上一站，就必须一连两个小时保持旺盛的艺术冲动，哪怕罹患脑溢血也在所不惜（所以，死在指挥台上的指挥家，不乏其人）。一位外科大夫走到手术台前，就一刻也不能头脑发热，一刻也不能浮想联翩、心潮澎湃。如果你的主治大夫在无影灯下一边拿镊子一边哼着贝多芬的《英雄交响曲》，你不会对他充满敬意吧？

有冲动型的人，也有非冲动型的人，这是眼见的事实。看来稳妥之计不是对冲动说好说孬，而是想法子让冲动者避免走上手术台，让冷静者避免走上指挥台。我们说冲动是一个系数，一种辅料，其利弊只能在某种特定关系中加以考察。好在世上也许有从来不冲动的人，却不可能存在自始至终都冲动的家伙，因为热情正是最容易冷却的东西，凡升温迅速的，冷却也迅速。

不少性格都具有“系数”特征，只是人们有时正视它，有时忽视它。

比如大家嘴上都提倡正直诚实，却又心照不宣地按相反原则行事，因为他们知道，在面临升迁、逃难或大而言之处理外交事务，小而言之处理邻里纠纷时，乘上“正直”“诚实”系数，只会给自己带来额外麻烦。“冲动”由于不具备“正直”“诚实”系数那种显而易见的冠冕堂皇性，它的命运便只能由着人胡乱播弄了，我们几乎不可能客观公正地谈论它。

常见情况是，冲动不太容易在第一时间得到肯定，人们往往根据事后的利益得失，才想到赋予当年那次冲动以积极评价。简而言之，凡是值得赞美的爱情，无不可溯及某次冲动（当然未必都与性有关）。私奔者的处境大抵如此，在他们最需要得到赞美和祝福之时，他们没有得到，非得若干年后抱了小宝宝回家，才幸蒙接纳。

归根结底，冲动是生命的自然属性，其文化色彩是外加的。英伦大哲约翰·密尔说：“凡是最富于自然情感的人也永远是可以培养出最强烈的有教养的情感的人。”这是对冲动的最大讴歌。

惆怅

◇ 惆怅的点缀价值远远大于表意功能，所以，它更像是一种情感雅玩，除了成功地营造诗意，它胜任不了任何人生苦境。

听人说自己心情惆怅，哪怕并不认识对方，凭经验，也能得出两个粗浅判断：一、他遇到了不开心的事；二、他有点文化。

哪些不开心的事会牵扯到惆怅呢？难说。不过结合排除法，我能收缩疑问半径。对方失业了吗？绝无可能。只要对方用词准确，那么，惆怅之无法形容失业，正像家用体重秤无法称量恐龙。与具有现实沉重感的失业相比，惆怅太轻盈了。失恋？有可能，但离婚则不太可能。失恋固然极大地损耗精神，离婚却更像一场战争：两个刚从婚姻战场上落荒而逃的人，身心有可能被财产纠纷、子女归属等事务分割得七零八落，哪有闲情去体验惆怅。与离婚的世俗性相比，惆怅太优雅了。同样，亲人亡故也不会引发惆怅，惆怅不仅是精神性的，它还有点暧昧性，所以，类似家庭变故这样具有明确指向的人生挫折，就不太适用。惆怅主要是一种失意，也许，最适合惆怅一把的人生题材，乃是官场失意。但问题又来了：惆怅中充盈着一股诗性审美的特质，官场恰巧是谋杀诗意的地方，丢了乌纱帽，可以骂娘，可以喝闷酒，也不妨摔杯子，但就是不配惆怅。欲使丢官上升为惆怅，中间还需施展些文化魔术、填补些归隐情怀才行，否则，陶渊明在《归去来兮辞》中的说法，正好把他罩住：“既自以心为形役，奚惆怅而独悲？”那意思是说：你既然是个“心为形役”的俗物，就不配用“惆怅”来装点悲伤。

再说第二个判断：有文化的惆怅者。这事原本明摆着，虽然惆怅总非好事，但我们依旧坚信，一个与书籍素昧平生的老农，甭管遇到啥事，都不会惆怅。惆怅除了与事有关，还与身份有关。如果尊重我们的文化记忆，则惆怅不仅与身份，还与形象、气质有关。以《红楼梦》中人物为例，林黛玉几乎在任何事情上都有权惆怅，她独特的心灵构造，决定了她拥有惆怅万物的特权。至于薛宝钗，虽然文化修养上完全够格，但我难免会想，以宝钗之雍容大度，即使被贾宝玉甩了，她也不屑惆怅。至于史湘云，她的笑声就像阳光，会逼使任何惆怅之情没有藏身之地。晴雯偶尔也会叹气，但叹气归叹气，与惆怅却没啥关系。王熙凤一旦惆怅，我们的第一感觉是“活见鬼”。薛宝钗之不易惆怅，似乎还缘于她相对丰腴的身材。你难道不觉得：瘦诗人相比胖头陀，更拥有惆怅的特权吗？

说了半天，我还是没有说明白，到底哪些事情可以交付惆怅去打点。这或许情有可原，因为先人发明“惆怅”，就是专供文人骚客表达孤寂诗意、抒发落寞情怀的，原本就没打算让它应对生活愁烦。词汇是生活的反映，但词汇也会改变生活，创造生活，提升生活。“民主”“自由”等现代词汇对国民意识的唤醒及重塑作用，是古人无法想象的，“性感”也是如此，在该词没有进入中国之前，人间男女虽然也能感知“性感”，但仅仅因为缺乏准确的命名，认知就会遇到阻碍，导致我们长期无法体面地、从容地安顿“性感”。一个新词既可能刷新世人的眼光，也可能精致世人的情感，如果“性感”属于前者，“惆怅”就属于后者。惆怅，原是一种有文化的伤感，正如钻石项链属于生活奢侈品一样，惆怅也是情感奢侈品，它符合奢侈品的基本特征：既昂贵，又没用。惆怅的点缀价值远远大于表意功能，所以，它更像是一种情感雅玩，除了成功地营造诗意，它胜任不了任何人生苦境。

我怀疑，我们很难找到一个声称自己正在“惆怅”的美国人。这可以说明，惆怅是一种具有中华地域色彩的情感，同样，一名西班牙作家也许理解不了惆怅的真味，就像他喝不惯西湖龙井。惆怅最适宜表达一种莫名愁绪。所谓莫名愁绪，也就是多余愁绪。动辄惆怅的人，情感无疑偏向阴柔一路。我敢断言，惆怅是一种诗意的东方式搔痒（日本人即深染此痒），有此搔痒的人，凡事皆可惆怅；无此搔痒的人，则视其为情感赘疣。

单纯

◇ 真正的单纯，可能具有金刚石的质地，什么样的艰难困顿、非人折磨都不能把它损毁。

单纯，当我试图认识它时，遇到的麻烦是：这词儿并不单纯。我闭目细思，突然看到小丫头频频向我翘着两条羊角辫，涂抹过的手指甲扒向眼皮下方，做着尽可能生动的鬼脸，那意思当然是："想了解单纯吗？找我没错。"还没回过神来，又听到呆傻之徒在一侧嘿嘿憨笑，一个劲地比划双手："你要说的不就是俺吗？"那边，突又见迂腐之徒袖着双手，不紧不慢地悠悠踱来，说话口齿不清，听了半天才明白，原来他正嘟囔着："正是，正是，远在天边，近在眼前。本人不才，正是一线单传的单纯汉。"

麻烦就在这里：单纯属于性格中的利润，谁都想攫取。

当人们想对呆傻、迂腐或冒失之徒尽可能礼貌一些的时候，常会把话到嘴边的"傻瓜""笨伯""不通世故"咽回舌底，临时改口成"你真单纯"。同样，一位少女，如果长得还算可爱，那么，在她事实上不过是显示了一份天真无知时，仍可能被好心肠的女士们先生们用赞叹的口气评价道：“瞧，她多单纯啊！”可见，人们使用“单纯”来描述性格时，常会采取模糊策略。一个男人，如果有一位深爱他的妻子，那么，他愚不可及的种种行为，就可能在妻子面前一概得到如下善意的评价：“你呀，真是太单纯了。”比如，当他再次因贪图便宜货而从可疑商家那里买下一只假钻戒时，就可能得到这种评价。虽然，除他本人以及对他施以无涯愚爱的妻子，谁都知道这件事与单纯无关，他只是贪婪而不得其法罢了。

为了说明单纯，看来我们得把无知者的天真，弱智者的颟顸剔除在外。但如果一不做二不休地把少女排除在外，就有点过分。众所周知，愿意将一名可爱女孩看得“单纯”，本是男人们最自然的愿望，我不可能无此念头。想到托尔斯泰笔下的少女娜塔莎，哪个男人不会闪过一丝柔情呢？虽然，由于天性多疑，我又难免嘀咕：认为漂亮姑娘单纯，会不会只是男人的一厢情愿呢？上帝赋予漂亮少女的那份清纯表情，会不会只是一种化装术呢？另外，我是不是特别不具备接受如下事实的雅量：一个外表一尘不染、身材纤细、面容姣好的少女，内心也可能迷宫般复杂。作家毛姆曾在小说《刀锋》和《寻欢作乐》里两次提醒读者注意，“正经女子往往具有丰富的猥亵知识”。

一个不容否认的事实是，认为漂亮少女未必单纯的，正是女人自己。我以为对此不应只从同性相斥的物理原理加以理解。作为男人，我还应注意这个事实：女人因无需向同性伙伴献殷勤，故而更有条件客观地观察自己的同类。我觉得，虽然与人为善总是应该的，但男人们在判断某位少女“单纯”之前，最好多留一份心，免得被她背后窃笑。——我声明一句：我希望并且愿意相信美丽的少女都是单纯的，但如果她们实际上并不单纯，我也没觉得天要塌下来；我甚至觉得，这样也不坏。

现在可以给出结论：单纯作为一种性格是存在的，但非常稀有，也非常珍贵。真正的单纯，可能具有金刚石的质地，什么样的艰难困顿、非人折磨都不能把它损毁。而且，这种单纯只是单纯，并没有随之显出智性缺陷。在个别情况下，绝顶单纯与绝顶智慧，还能友好相处。在一些饱经苦难的俄罗斯作家身上，我就遇到过类似的单纯。

我记得不少人说过这样的话：千万不要蹲监狱，因为蹲过监狱后——可以想见他在牢头狱霸那里遭受的种种折磨——他很可能永远丧失了生命的神圣、心灵的单纯。我本人早年在劳改学校担任数年教员的经历，也使我对所谓牢头狱霸的苛政略知一二，因而也愿意接受此类忠告。但无论在生活中还是在书本上，我都见过截然相反的例子。确实存在一种人，他们天资聪颖，饱受苦难，在监狱里甚至待了二十多年，身上每个毛孔里都铭记着人性的凶暴和邪恶。然而，他的神圣感丝毫未受损伤，他刀凿斧削过的脸庞上，依旧绽放出世上最纯洁、最无邪的微笑，只有天山雪莲可以媲美。我见过这样的人，所以，我想把“单纯”截下来，专门留给他们。这样的单纯者不可分析，他们就像造物的奇迹，专门向人类演示神奇。

刁滑

◇ 刁滑是中国人最具标志性的性格之一。一个标本意义上的刁滑之徒，颇似一位放风者，两只小眼睛滴溜溜地窥伺四方，随时准备下手。他的脑子绝对好使，心灵一塌糊涂。

有句话说出来于心不忍，压在舌底又难受，有种一个星期没刷牙的感觉。这句话是：刁滑是中国人最具标志性的性格之一。

中华民族自然也够得上勤劳善良，但那不具备标志性，盖因勤劳善良的民族多有，刁滑的民族却罕有听闻，尤其是那些在文明发展阶段上处于强势地位的民族，更没听说靠刁滑起家的。我们可以用反证法说明这个事实，即鉴于勤劳或善良本身具备提升社会物质生产力、提高社会精神文明程度的功能，中华民族若果真洋溢着这些品质，它该不至于长期落到贫困积弱的地步，一度还曾嚷嚷着要被开除球籍，直到今天还在提倡一些让兄弟民族耻笑不已的礼貌用语，例如“您好”“对不起”之类。可见，除了勤劳和善良，我们肯定还有些不那么对劲的品质，亦即劣根性，刁滑即是其一。

相对于别种性格，刁滑体现为一种原始的智力，它的本质是未经开化的自私自利。刁滑者往往胸无大志，善恶观模糊不清，是非心颠颠倒倒，公民意识丢三落四。他自私而未必贪婪，愚昧而未必愚蠢，他的世界观是按照自留地的方式形成的，规模也和自留地差不多。刁滑是下层民众的性格，源于长年的贫困和更加漫长的先天性文化教育不良，再加上缺乏超功利的宗教信仰，遂耽误了心灵的超拔。后者也许更为要紧。

结果，刁滑者成了天生的小民，成了放弃行使公民权的奴隶，成了只知自由不知自律的流民。愚昧的文化环境与相对苛刻的生存环境合谋，把他异化成一只时刻算计自身得失的小算盘，生命不已，拨拉不止。他严重缺乏人的主体意识，做事惯于看人眼色，却又缺乏团队合作精神。生理上的怯懦决定了他不可能沦为胆大妄为之徒，文化心理上的侏儒化又限制了他精神的上升空间。他做事纯依人的社会本能行事，该本能一旦得不到外在法制的约束、内在道德的自律，必然走向无休无止的小刁小坏。一个标本意义上的刁滑之徒，颇似一位放风者，两只小眼睛滴溜溜地窥伺四方，随时准备下手。他的脑子绝对好使，心灵一塌糊涂。

单个的刁滑者不足为虑，因为他能量有限，但刁滑之令人恐惧，乃是因为它和蝗虫一样，呈现出规模化效应。我沮丧地发现，世上只有中国人才会有那么多造假药假酒的，才会将自己未经开发的智力消耗在给甲鱼注水、给西瓜上色素之类缺德事上。国内官场腐败现象的严重（其实是泛滥），虽然可以在体制、法制等方面寻找原因，实事求是地看，也和刁滑之徒的规模化、“蝗虫化”有关。举个切身的例子，笔者附近的那家菜市场，经过三年来与其中的鱼贩子反复打交道，我可以负责地说句话：其中仅仅能做到不缺斤短两的，暂时一个也没有。

是的，刁滑是一种原始智力，通过引进宗教、健全法制和倡导教育，可以部分改良。引进宗教绝无可能，我们能做的只有健全法制和倡导教育。通过新加坡的例子我们知道，中国人也可能变得文明，但前提是必须借助严刑峻法。众所周知，新加坡是个华人占多数的国家。过去有句游牧民族针对妇女的混账格言（该格言也曾被尼采使用过）：别不带鞭子就去见女人。我也想说，面对刁滑之徒，同样离不开手上的鞭子。——不过，我们手上哪有鞭子呀，自己少受几遭骗，已算抽得上上签。

据说，“支那”在梵语中意为“智巧”，“智巧”与“刁滑”，意思颇为相近。可见，古印度人对中国人的理解，正如他们对人世的见解一样，依旧闪烁着睿智光芒。一个刁滑的民族，注定是没有出息的。日本人拘谨守礼，并不刁滑，在制造业和生意场上成绩斐然，但他们偶尔刁滑一下时（我指的是偷袭珍珠港），反而遭到了巨大的报应。这说明，刁滑充其量只具备战术的价值，而缺乏战略意义。

独夫

◇ 这是一拨授权自己随意制订规则的狂人。

独裁者不多见，独夫性格不少见。

时代不同了，民主的旗号在人间漫卷，独裁者再没有既往时代那份君权神授的合法性，与独裁身份伴生的凛然与骄横，也不得不大幅收敛。20世纪的独裁者甚至脱下阴郁的皇袍，流行穿西服了；他纵然阴行独裁之实，也不敢明奉独裁之名。当今那些厌恶民主政体的国家，还偏爱在国名里镶嵌一个“民主”字样。事实上，早在民主之声尚徘徊于火星之时，独裁者仍然极为罕见，这是因为，独裁是一项具有垄断和高危特征的职业，大独裁者乃一切小独夫的天敌。“卧榻之侧岂容他人酣睡”原是独夫的职业本能，酣睡尚且不容，对于胆敢“南面称孤”的竞争对手，就更属唯“食肉寝皮”方解心头之恨的弥天大罪了。

所以，讽刺的是，大独裁者的存在，反而是小独裁者不易存活的制度保障。更加讽刺的是，民主社会正好相反，当大独裁者的危险已经制度性地遭到消除，民主社会倡导的宽容和多元，又使得人人慑于干涉他人，结果，一个个迷你型的家族式小独夫，反而有可能在免受干扰的环境下，逞一时一地之快；当他这么做时，甚至未必被视为独裁者。大导演奥逊·威尔斯的成名作《公民凯恩》，就描绘过一个传媒独夫的形象。埃里克·H.埃里克森在半个世纪前说过："美国人感到自己在自由表达方面的机会非常多，以至于他不再知道自己在什么地方获得了自由，也不知道自己在哪里不自由；在看到天生的独裁者时，他们也认不出来。"

大独裁者虽然有望消失，作为一种性格类型的独夫，却像作为一种犯罪类型的窃贼，具有某种恒在性。美国人几乎不必担心他们的总统会蜕变为独裁者，但他们的邻居里，说不定就有一个充满独夫气质的家伙。

独夫绝非罕见的性格，它对应于一种名叫权力的欲望。该欲望虽不像"饮食男女"一样人所共有，但对于被该欲望劫持的人，它又像"饮食男女"一样正常。换个说法，独夫性格类似一种性倒错，在性心理正常的人眼里，性倒错固属怪诞，但在他们自身看来，性倒错乃是最正常的性行为方式。

世上有"不爱江山爱美人"的国王，也不乏视权力为人间至味的家伙。对权力抱有强烈审美的人，哪怕做出"柳下惠坐怀不乱"的举动，你都不必惊诧。面对鱼和熊掌，他不会为"不可兼得"而发愁，只要不妨碍他攫取权力，他可以毫不犹豫地把两者都放弃，改吃胡萝卜和大白菜。一些权力老饕，在其他领域还可能堪为表率，别说美味佳肴，让他割弃人间情爱，他都未必皱一下眉头。有一道流传颇广的选择题是这样的："现在要选举一位总统，你这一票至关重要。下面为三位候选人的一些事实：

候选人A：跟一些不诚实的政客往来，喜欢咨询占星学家，他还有婚外情，是个老烟鬼，每天要喝八到十杯马丁尼。候选人B：他有过两次被解雇的记录，爱睡懒觉，大学时吸过鸦片，现在每天晚上还会喝一夸脱威士忌。候选人C：一位受过勋的战争英雄，素食主义者，不抽烟。偶尔喝一点啤酒，从没有发生过婚外情。请问你会选哪一个？”答案是这样的：候选人A是美国总统富兰克林·罗斯福；候选人B是英国首相温斯顿·丘吉尔；候选人C是第三帝国党魁阿道夫·希特勒。这个答案令人惊讶吗？一点也不。同理，迷恋权力的家伙平时生活俭朴、爱穿有补丁的袜子，你也不用奇怪。对这类美德，赞赏它远不如警惕它来得必要。试想，一个人若没有超出常人的欲望和野心，他大可不必舍弃寻常的人间享受。非常的物质俭朴背后，往往牵连着非常的权力抱负。法国人邦雅曼贡斯当曾如此表彰野心："野心可以同许多襟怀坦白的品质并行不悖，如忠诚、勇敢、无私、主见。贪婪却不能与这些品质中的任何一种并存。”

拥有独夫心的人，往往伴有超人幻想，他们最为心仪的说法，也许是“礼法岂为我辈而设”。不论干出什么事，他们都会按照某种自封的圣人逻辑，给自己一个心安理得的解释。诸如蔑视道德、对抗舆论、践踏民意等凡人想都不敢想的事，都会被他们臆度为不同凡响的证据。这是一拨授权自己随意制订规则的狂人。

万幸的是，独夫心并不必然是一种邪恶品质，就像性压抑可以转化为创造欲一样，独夫心一旦转移，由攫取世俗权力转为通过睿智的大脑建构一个精神帝国，比如一部志向宏伟的文学作品，或一个试图阐释一切的哲学体系，他甚至可以创造出煌煌伟业。这当儿，独夫心远比一颗举贤任明的民主心来得高效。自然，目标既已转移，我们也不便再以独夫心来指称它了。

肚量

◇ 人的肚量大小，大约只有百分之十属于先天，绝大部分取决于实力，包括不同实力间的关系。

论坛上见到篇文章：《多一点“大家风度”》。见到这类标题，我的第一反应就是躲开，理由很简单：说得太对了，难道还能提倡“多一点‘小家子气’”吗？这题目就像“要提倡尊老爱幼”或“高温天气注意防晒”一样，一下子扼杀了所有的疑问空间和阅读期待，瞅一眼标题，你啥都明白了，还读它干吗？也是合该有事，那天我顺手点击了一下，结果发现，如此简单的题旨，作者竟然没有说对。依作者之见，所谓“大家风度”，乃是一种类似“雷锋精神”的玩意儿，可以通过呼吁、提倡的方式，把它催生出来。若呼吁得法，具有“大家风度”的中国人，还可能雨后春笋般茁壮涌现、批量登场。——这与我的看法完全相左。我的看法是：所谓“大家风度”，就是唯大方之家才能具备的风度，正如所谓宰相肚量，只有真正的宰辅级人物，才可能具备，寻常男女，既无必要、也无能力具有如此恢宏的风度。对一个三流学者来说，无论他如何自我砥砺，期盼他体现一流大学者的胸襟气度，难度之大，与要求鸡生鸭蛋好有一比。再说，“风度”云云，也有个得体问题，以中国足球队为例，他们去世界赛场上比赛，截至目前，基本上就是丢人现眼。一支具有关键时刻掉链子传统的可笑球队，假如球员个个气宇轩昂，举手投足都是冠军队员的谱，难道巴西或法国球员就该对他们刮目相看不成？事实上这也不可能，一个因技不如人而积攒了海量失败教训的球员，在他球技得到实质性提升之前，根本无从产生冠军球员才可能具备的气质。如果他竟然具备了那种风度气质，要说他不是骗子，也没人信。

日常生活中我们常会说某人肚量大，某人肚量小，当我们这么说的时候，往往把肚量拟想成一种确定的东西，类似身高，属于与生俱来的禀赋。有人天生肚量宽宏，气宇不凡，仿佛身高上像姚明；有人天生斤斤计较，小肚鸡肠，好比身高上似武大郎。实情不是如此，肚量或气量，既缺乏一个额定标准，也未必是一种气质性倾向，它通常只是双方实力的体现。一个大人物容易让人觉得肚量大，有“大家风度”，究其实，不过因为实力摆在那儿，一些别人受不了的事，落在实力超群的他眼里，大可一笑置之。外人不察，就可能把这类由实力优势所致的肚量，误认为胸襟、气度等玄妙之物，加以顶礼崇敬。再举一例，某生性好妒的女人，见到丈夫与一个各方面条件（尤其是相貌）都远逊自己的女人在一起，也可能体现“不妒之德”，内心毫无波澜。相反，若对方略具几分姿色，她此前体现得那么优雅的风度就可能瞬间蒸发，转而令宅前屋后、床上床下充满不忍卒闻的醋味。——凭什么呢？无他，实力在说话。

肚量除与实力相关，还与自我期许密不可分。一个人不管能力一般还是超群，只要他真心实意地渴望成长，并对自身能力有清醒的认识，那么，他就有望具备可观的肚量，并善待批评。反过来，遇到那种南郭先生转世的胚子，只想着用“滥竽充数”的法子活给别人看，那么，任何瞄着他痛处的批评，都会让他萌生“没法子再混了”的感觉，对他来说，迎头还击任何形式的批评，就是必然的。越是技不如人，越容易担心面子受损；越是担心面子受损，就越可能把自己的心灵弄成一堆高危易燃品，一点微不足道的批评火星，似乎都会把他整个人生毁掉。对这样的家伙，你当然不能指望他具有“大家风度”。另有一类人，尽管实力超群，也取得了可观成就，但其自我期许竟然远在自身实力之上，那么，他是否有肚量，就得视场合而定了。当旁人的批评无从动摇其根基时，他虚怀若谷，甚至予人以霁月光风之感；一旦批评直捣他的痛处，有可能一举颠覆他为自己虚构的伟岸形象，则他的菩萨脸就会在第一时间变成罗刹，再无风度可言。

人的肚量大小，大约只有百分之十属于先天，绝大部分取决于实力，包括不同实力间的关系。无视实力因素妄议肚量大小，恕我直言，不过是无谓地嚼舌。一旦结合了实力，再把气质上的敏感、豁达等因素纳入思考，所得结论，就“虽不中，亦不远”了。

读鲁迅文章，人们常会感叹迅翁气量太窄，如《华盖集》里，对同一人、同一事（女校长杨荫榆）喋喋不休，甚至同一句讽刺话（如“与此曹子勃相向”）都会两次出现，显失“大家风度”。但话说回来，肚量不是一个衡量作家伟大性的概念，对作家来说，保持自身的敏锐远比再现风度来得切要，而肚量欠宽至少有助于培养敏锐、丰富感触，至于气宇宏大、凡事一笑置之，美则美矣，说不定也会付出钝化感知的代价，不宜一概而论。

多情

◇ 多情，也可能指多余的情感，多此一举的情感，超出必要的情感。

怕痒当然不是多情，但多情者大多较为怕痒，而且，出色的皮肤感性也使他们易于成为斑疹的受害者，多吃海鲜尤其如此。这份源自粗略观察的私人经验，兴许说明了多情的生物特征：一种先天的构成。

你正和一个脸上长雀斑的姑娘相好不是？当心，她会和你私奔的。老练的拳击手不会让自己的胸膛向对手敞开，同理，一味敞开心扉，纵然可以获致情感满足的高潮，却也易使心灵受到伤害。多情者通常有两种选择，要么积极进取，走"豁出去"的冒进路线，要么消极退缩，一味地躲在自家屋里惶惶，形影相吊，那便是害了俗语所说的"相思病"：自己不作努力，不主动示爱，却一厢情愿地以为对方此刻正惦记着自己，结果，他——通常为她——又讨人嫌地临时成了电话、信箱、短信或门铃的过敏者。敢于行动的多情者是喜剧性人物，迟疑畏缩的多情者难免成为悲剧性人物。当然，也可能先悲后喜——但愿如此，菩萨保佑。

多情不是现代社会一项必要的性格装备，由于普通人跟不上多情者别具一格的情感节奏，遂使多情者有无限多的机会和时间体验寂寞与挫折。生而多情，这是旁观者的幸运，却是他们自身的愁烦。多情与热情、浪漫往往牵扯不到一块，就像沸腾的拉丁血液与多愁善感的林黛玉了无瓜葛一样，它常常只是一段孤寂的独舞，一只在池塘边自舔伤口的天鹅。浪漫不乏现代气质，多情则属于古典情感。多情既已为当代人类的实践理性所排斥，它便很容易被视为情感的过激倾向，或更严重，一种偏执。多情，也可能指多余的情感，多此一举的情感，超出必要的情感。

多情本是一件好事，前提是别人和他一样多情。世人皆冷我独热，一看就有点不妙。置身于冷漠同事间的多情者，其处境不会比狼群中的羊好多少。看来，多情者有理由为自己单独索取一个理想国。不过，多情者显然不易成为公正的人道主义者，尤其当他一不做二不休地进入痴情领地之时，这当儿他的视阈要狭窄得多，他的爱具体深入，像一匹公牛，只在人间一隅横冲直撞；或像一只蝴蝶，只在花丛中翩翩起舞。当一个人临时被一汪痴情所劫持，他在情感对象面前的惊世柔情，往往与他在无关人员面前的冷漠成反比。一个少女多情之际，十有八九，也正是她父母无端受气的倒霉日子。就此而言，多情更多地沦为一种不负责任的情感，多情成了他孤注一掷、不计其余的证明。若我们假设人的情感都有一定的限度，在使用上理应有所分担调配，不能一股脑儿都归爱情一家使用，多情者便有滥用情感之嫌。事实也是如此，多情者在情爱领域比别人有更多的情感可供支配，只是因为他采用了超常规的透支方式，多情是孤注一掷的集束炸弹。

在当代人类的公共事务中，没有一个专门容纳情感才华的部门，以致连诗人都转行卖弄玄学或客串广告文案去了。这表明，多情也许属于传说中的天堂情感，而在我们注重眼前利益和现实经济的当代社会，它难免处处碰壁。考虑到连诗人都成了当代社会的一种可疑职业（可疑程度不亚于大气功师或都市盲流），经常会坏事的“多情”，便只能遭到人类礼节性的白眼了。一只花环，遂成了多情者的命运。

多情是青年人的领地，也只有当多情人是一位青年郎时，多情才是值得赞美的。若一位年届知命的家伙还以多情见长、还在玩“张生跳墙”的话，相当于老康德在家里偷写情诗，或丰子恺在家里偷练拳击，虽没啥不可，但味道就是不对。

阿世

◇ 他们没有性格，我们看到的，只是他矫取的性格。至于他的真身，他自己都不知道搁在哪儿了。

有一种家伙，他们在不同场合、不同对象面前，可以体现出迥然不同的性格特征。有时非常粗犷，有时格外精细；有时冷若冰霜，有时爱心逾火；有时疾恶如仇，有时又活脱脱一个和事佬，没有原则可言。

然而，若我们不假思索地将这类家伙理解成契诃夫笔下的“变色龙”，很可能又小觑了他。他不是变色龙，他在每一种特定的场合，都体现出稳定的性格特征，在每一个特定人物面前，也没有多少性格变化。除了极个别深知其底细的人，他体现出的性格竟是一以贯之、坚定可靠的。比如，在新来的女秘书面前，他永远有点轻薄，手脚不干净；当着部下的面，他永远有点假正经，说话的腔调、抬肘的姿势都一成不变；在老婆面前，他永远是一副死皮赖脸的德行，三更烂醉之时仍会缠着做那勾当，下面没什么动静，上面倒倾泻出一腔秽物；一旦到了顶头上司那儿，咳，他又始终是一副“哈依哈依”的表情，看上去比墙上那口钟还要循规蹈矩，按部就班。他在甲地刚刚显得冷酷异常，到了乙地，竟猛不丁成了爱心的模范。他像一个同时在八部影片里担纲主角的大明星，每一个角色都大异其趣，他都能应付裕如。

在现实中我领教过这类家伙，却一直不知道如何命名他的性格，在现成语汇里一时也找不到合适的概括。于是，我尝试换一个方向，思考促使他们这么做的动力源泉。我发现，这些家伙主要出现在官场上，属于典型的官场人。于是，我从成语“曲学阿世”中截取了后两字，将他们暂且称为“阿世人”。

阿世人与那些被称为“性格无常”的人迥然不同。无常者是被迫的，他无法控制、驾驭自己的性格，仿佛那个属于自己的天性也属于自己的敌人，属于万里外的无名旷野，他是自己天性的受害者。无常者性格上的反复不仅让他人不胜其烦，他自己也徒唤奈何，苦不堪言。阿世人则完全相反，他们像驯兽师一样老练地驯化着自己的天性，又像一个玩牌高手，可以随心所欲地把自己的性格玩成一副花样百出的纸牌。

我们知道，驯兽师擅长把野兽折腾得不像野兽，常见的如把猛虎折腾得像病猫，把狮子折腾得像小丑，把大象折腾得像劳模。阿世人调教自己，结果亦相仿佛，使自己最终丧失天性。从他们旨在阿世的立场考虑，他们倘能把自己驯化得就像根本不存在天性，迫使天性乖乖进入冬眠，从不来打扰自己的仕途人生、经济生涯，这被他们视为最高成就。演员由于知道自己是在塑造角色，所以一旦演出完成，他妆容一卸就可回归自我，该是啥样还是啥样。刚刚说过一段感人台词，一进酒店就在大堂里追打保安，他内心可以全无矛盾和不安。阿世人并不知道自己是演员，他缺乏演员的职业意识，属于演员的那份清醒也便与他无缘，这样，他反而比演员更有可能与自己无意中扮演的角色达到物我两忘、浑然一体的境界。他的脸抹来抹去，理论上有无数种变化，就是抹不到那种真正属于自我的神情。

简单地说，阿世人属于那种被凶险的官场和膨胀的野心折磨得迷失了自我的家伙。戏仿阿克顿勋爵的著名格言“权力导致腐败，绝对的权力导致绝对的腐败”，我也可以说，贪婪导致迷乱，绝对的贪婪导致绝对的迷乱。凭经验得知，阿世人认为，自己的天性常常坏事，应该把它无情地清除出去。作为灵魂的驯兽师，他们坚信，说当此之际最应该说的话，做当此之时最应该做的事，才是确保人生大戏不致演砸的关键。他们没有性格，我们看到的，只是他矫取的性格。至于他的真身，他自己都不知道搁在哪儿了。

有些身居社会底层的人，如仆人，也会弄出两副面孔。那纯粹出于谋生自救，他在主人面前的波澜不惊，类如空气，只是服从于该份职业的需要，与阿世人不可混为一谈。

风流

◇ “风流”属于那种身子骨不够硬朗的词，随便一阵微风就会把它吹斜。“风流”作为一个字眼已经由昨日黄钟沦落成今日瓦釜，词味大坏。

语词的命运，一如个体，有定数也有无常。有些词天生高贵，仿佛戴着法官的假发套，让人一见之下顿生景仰，如“民主”或“莎士比亚”；有些词天性低贱，如推磨的驴，只配干些脏活累活，如“通奸”或“秦桧”；有些词鹏程万里，像蓝筹股一路飘红，如“爱情”或“自由”；有些词命途多舛，漂泊不定，“昨怜破袄寒，今嫌紫蟒长”，如“左派”或“风流”。

“风流”是个暧昧的词，极易使用不当。这不当也有两方面可说，既可能与你用词疏忽有关，也可能是意义的真身被理解的歪风吹斜了身子。何况，“风流”属于那种身子骨不够硬朗的词，随便一阵微风就会把它吹斜。当你说某人风流时，他拿不准你是在恭维还是贬低，真诚还是打趣，所以，你得到的回报将是迷人的抿嘴微笑还是一顿老拳，只有天晓得了。我以为明智的做法是，在日常生活中尽量回避这个词，或者，只在某个可靠的小圈子里用用。显然，妇道人家背地里咬着耳朵说出的“风流”，与一位书生嘴里的“风流”，不会是同一个概念。

若参照毛泽东的见解，“数风流人物，还看今朝”，风流完全是褒义词，而且还是大大的恭维。但看来毛泽东的话即使在那个年代，也未必牢靠。毛泽东颇具古典文化修养，他诗词里那点古意，粗疏无文的大爷大妈没能耐领会，我们在民间看到的，恰恰是“风流总被，雨打风吹去”。

在民间符号体系里，“风流”总是包含着强烈的性意味。一个人（不论男女）只要在男女关系上被认为不够检点，他就是“风流”的。一度，“风流”这个在我们人文历史中曾经比大美人西施还要风情万种的词汇，竟沦落成“轧姘头”“乱搞男女关系”的同义语，词若有灵，不知将如何捶胸顿足，仰天长叹。是啊，“遥想公瑾当年”，往事不堪回首。

当然，稍稍凑近一点，我们也会发现，“风流”固然特指男女关系上的随意，但此随意与那种管不住自己裤腰带的行为，不是一回事。风流者既非色狼，亦不宜与妓女画等号。即使在“风流”一词最为沦落之时，风流者仍多多少少算得上爱情的追求者，只是他们不满足于拥有一个情人，同时也不理会什么“柏拉图式精神恋爱”罢了。如果我们不那么假正经，就应该看到，男人见了合适的女人就有点骨头发酥，女人见到合适的男人就有点眼神迷离，实在也是光天化日之下最正常的生理、心理反应，原没有违拗天性的成分。俗话说“男女搭配，干活不累”，也多少见证了此种现象。

那么，“风流”中又有多少“风流”内涵呢？说来惭愧，人们寻常挂在嘴边的“风流”，实在也寡淡得很。众所周知，中国没有绅士传统，没有骑士传统，更缺乏尊重妇女的传统，贵妇传统更是渺不可稽。一种不以尊重妇女为前提的风流举止，再怎么引申，也与真正意义上的“风流人物”绝缘。我国有“风流才子”一说，其典型代表有《西厢记》中的张生及那位传说中结下三笑姻缘的唐伯虎。仔细推敲，此种才子只是狎妓老手兼爱情生手，“风流”得很不风流。试以唐寅的秋香故事与拜伦笔下的唐璜行迹相较，高下立现，前者的荒唐实在是唐突了美人，落入了淫坑，后者的风流种种，即使与璀璨的阿拉伯宫殿相比，也不减辉煌。前者的风流庭院深深、檐影重重，处处显出几分诡秘，后者的爱情沐浴在阳光海滩之上，青春且更健朗。

所以，依我愚见，既然“风流”作为一个字眼已经由昨日黄钟沦落成今日瓦釜，词味大坏，我们也就不宜用它来界定某种性格。今之“风流”，摇曳在“浪漫”与“浪荡”之间，为免看走眼，我最好对它视而不见。

风泼

◇ 必须承认，生活中有些风泼娘儿们，在她们不要泼时，待人接物往往格外热情厚道，甚至厚道得让人顿生怀古之心。

一种“老娘”德行。

江南方言里有将女人乳房按年龄分为三个级别之说，待字闺中时是“金奶子”，初为人母时是“银奶子”，徐娘半老后辄为“狗奶子”。话是糙了点，不过也可见出民间语汇的生命力。所谓“老娘”风泼，大概就是一对无所顾忌的“狗奶子”，化用一句江湖阿混语，就是“我是老娘我怕谁”。

公平地说，这句套用的话比它的原始版“我是流氓我怕谁”更厉害，更具说服力。流氓还是要怕人的，小流氓怕大流氓，大小流氓一般都怕地头蛇、怕主子、怕警察、怕蹲监狱、怕挨枪子儿。但“老娘”天不怕地不怕，她扯开嗓子开骂时，大小流氓都躲得远远的；她扯开大褂着地打滚时，警察只能假装没看见；她若在法院出庭，法官都未必敢和她斗眼神。她没有顾忌，传统文化里用来制约女人的种种招数，对她全部失效。

对她来说，所有男人都不是好东西，所有女人都是烂货贱货，她对生命没有敬意，对社会充满嫌恶，对自身的女性性征连起码的忌讳都没有。她都不把自己当女人，你还能指望她拿别人当人看？

老娘式风泼是一种社会瘟疫，一旦染上，无药可治。流氓怕老娘耍泼，是觉得跌份，骂不过她，甚至未必打得过她，因为风泼老娘擅长持久战，她不是公鸡，斗败了不会落荒而逃，她是一只天生不知道失败的母鸡，永远咯咯乱叫，撒你一身鸡毛。警察和法官怕老娘耍泼，是因为她的行为很难受到法办。说脏话怎么啦？遍地打滚又犯哪条王法啦？咬破别人小脸蛋、扒下某位同胞的裤头又关你什么事？有本事你做司法鉴定去，有能耐你告我强奸罪去，呸！我是老娘我怕谁！

两个男人吵架，相骂内容不见得与性有关，两个“老娘”一旦风风火火地干上了，不管有事没事，有辙没辙，双方必专在性的领域下手，你骂我一声“破鞋”，我回你一句“婊子”。两个男人打架，一般多少讲究点规矩，知道哪些地方不该下手，古人有“脸非受刑之地”的告诫，故“打人莫打脸，骂人莫揭短”的江湖规矩也会有所遵循；两个“老娘”一旦胡搅蛮缠地扭打在一块，除了常见的互扯辫子互挠脸蛋外，还特别喜欢照那不该下手的地方招呼，你扯我裤兜，我掀你乳罩。男人打架无非拳打脚踢，“老娘”干仗偏讲究指法牙功，双方尽想着破你的相、丢你的脸、出你的丑、坏你的事。

一个好端端的女人不幸沦落为“老娘”，除了教育缺陷和生存环境上的不良影响外，多半还与个人经历有关。比如，她曾遭到某个男人的欺凌或抛弃，她天赋的少女情怀和女性理想，遂随着这一蹂躏而一去不返。由于女人不可能在自然状态下无师自通地蜕化为“老娘”，老娘式风泼便从另一面构成了对社会的控诉。当然，我这也是说说大话，事实上女人一经成为“老娘”，依附在女人身上的传统情感也会不翼而飞，此时的她，脸没法看，话没法听，再没有人对她生出“我见犹怜”之情。更可怕的是，老娘式风泼会成为一种污染源，使受她影响或与她对阵的女子，奇怪地被激发出老娘风情来。——在生活中我们经常遗憾地看到，一个训练有素的“老娘”，会把一个平时不吭不咋的好姑娘临时逼成个“老娘”来。这一逼不打紧，却就此埋下性格祸根，她日后在多大程度上能够远离“老娘风情”，只有求菩萨保佑了。

必须承认，生活中有些风泼娘儿们，在她们不要泼时，待人接物往往格外热情厚道，甚至厚道得让人顿生怀古之心。这提醒我注意，在风泼娘儿们身上还保留着某种原始淳朴的情感，保留着某种说不上野蛮还是珍奇的初民素质。在我的私人经验里，既有对风泼娘儿们的极大恐惧，也怀抱着最美好的感激之情。女性的极品美德，往往正由这些风泼娘儿们携带着——当然，在她不风泼的时候。

风骚

◇ 一个风骚女人的出现，在别的女人心目中，可怕程度不亚于平静的池塘里突然游进一条大黑鱼。

一种“发乎情”但拒绝“止乎礼”的女性特征，遂构成对男子的性骚扰。

男子对女子的性骚扰主要借助力学原理，女子对男子的性骚扰主要借助光学原理。对风骚的指责，通常是以下两种人：其一，道学气十足的君子，其二，拒绝风骚或无力风骚的女人。由于文化和体质上的原因，风骚女人在中国相对较少，官方地位较低，当然现在她们正一天天多起来，地位也呈水涨船高之势，看来对此大家都表示欢迎。

男人对风骚气的女人大多态度暧昧，欲拒还迎，当对方眼神迷离起来，声音哼哼起来，乳房颠跳起来，髋部扭动起来，男人——除了“道学强迫症”患者——几乎必然会引起生理反应，就像约翰·肯尼迪曾经轻易被玛丽莲梦露击倒一样。但由于文化上的原因，中国的男人生理上被击倒后，情感上往往没有被击垮，他们还在道学上留了一手。中国男人由于欠缺古希腊人对女性裸体的审美眼光，文化上先天发育不良，这也影响了他们的反应模式，即要么闭上眼睛，以夫子“思无邪”的遗教强力约束；要么彻底放纵，在把对方视为玩物的同时，也把自己物化为一头公牛。比如说，中国作家中不易出现法国人梅里美式的纯正激情，以不带附加条件的审美眼光对风骚女人卡门进行歌颂，或哪怕像托尔斯泰那样，虽有道学气作祟，仍不妨碍对一名妓女（《复活》中的玛丝洛娃）寄予深切同情。中国男人界限分明，对风骚（古语是“浪”）的女人只愿承认其使用价值，没能力肯定其审美价值。反映在生活行为上，当然也就不愿明媒正娶地把她迎进家门了，或即使迎进，也是无论如何不愿把她立为正室的；搁在今天，则改为替“小三”另谋别室，便于自己三天两头朝她小屋里走。

文化中的男人和女人在良性意义上，应该能互相培育，男人的绅士气质容易激发妇女的淑娴品质，男人一味好色猛干，也会阻滞风骚的发展方向，不利于培育万种风情。使风骚停留在风骚，是因为有些男人除了好色还是好色。我们知道，男女的性感带不同，男人局促一隅，女人则可能遍布全身。人间男女在性欢娱的方式上也各有侧重，女人若非久旷之身，通常总是更欢迎徐徐嬉戏，由浅入深，一个步骤接一个步骤，不必毕其功于一役。至于男人嘛，其生理构造上天生有煞风景的一面，倾向于高歌猛进，速战速决。面对一个除了“老汉推车”再没有别种玩法的蠢笨男人，女人“便纵有千种风情，更与何人说”。——事实上男性中善于在床上与女人打持久战的情场老手，多是有意无意地付出了降低自身敏感度的代价，以麻木换时间。

这说的是男人的视点，就风骚本身，它只是一种不愿将生理需求臣服于文化压抑的举动，它是自然的，如花自然地绽放、酒自然地发酵、杨柳自然地摇摆。风骚是一股自然蛮力，风骚的女人大多是天生的，后天培育出的风骚固然也有，“骚”味总嫌不够纯正。由于风骚专指“性”的张扬，所以小丫头不管如何穿露脐装迷你裙，也不容易被指责为风骚，非得到了一定年龄，才会得到确认。否则，如哈姆雷特所说：“上帝给了你们一张脸，你们又替自己另外造了一张。你们烟行媚视，淫声浪气，替上帝造下的生物乱取名字，卖弄你们不懂事的风骚。算了吧，我再也不敢领教了。”简而言之，风骚不具有“小荷才露尖尖角”的羞怯，它是训练有素、老于风尘的。风骚女人无非特别喜欢那档子事儿罢了，不仅喜欢，还不怕别人知道，甚至还唯恐别人不知道。——这实在没什么大不了的，我们的目光只要稍稍超然一寸，就会对它等闲视之。至少上帝对风骚娘儿们不会有什么意见，这是上帝和人间君子的一大区别。

风骚女最大的敌人，不是男人，而是别的女人。在女人掠夺男人的战争中，风骚女战术对路，目标明确，抄小径不绕弯道，再加上兴致高昂，胃口奇大，所以占得较多的市场份额。一个风骚女人的出现，在别的女人心目中，可怕程度不亚于平静的池塘里突然游进一条大黑鱼。

敷衍

◇ 国人之所以予人敷衍之感，不是他们不会认真，而是计较的不是地方。

似乎有无穷无尽的迹象表明，做事马虎、敷衍塞责，乃是我们民族性的一部分，上海人流行说“捣糨糊”，全国人民嘴不离“忽悠”，即是两个信手拈来的明证。

话虽如此，但我并不认为这就算是中国人性喜敷衍的凭据。指天戳地，掏肺扪心，在有些领域，我敢说世上再没有第二个民族，比中国人更认真、更顶真。不错，豆腐渣工程是多了些，但国人在装修自家住宅时，何曾含糊过？一些人为了防止包工头萌生腐败之念，竟然把预防措施做到这一步，连一包钉子的采购权都不愿下放；有些新居的工程项目甚至细化到这种程度，除了委派专职监理全程监督工程质量，房东还会定期向装修工人提供大鱼大肉，以期对一线装修工的施工态度实施精细化掌控，杜绝任何萌芽中的敷衍塞责。再看酒馆里的一顿工作餐，谁坐上首，谁坐次席，先吃什么，后吃什么，都会有一整套或明或暗的规则随机而动，甚至具体到一条鱼，都能根据鱼头、鱼肚、鱼尾的方位，对应出一套具有黯然销魂水准的敬酒礼仪出来，分寸拿捏得不差分毫，礼数周到得足以把某些发达国家的国宴，贬回石器时代。诚然，我们的学者在学术创新上洋相不断，我们的科技发明经常丢人现眼，但当红光满面的领导出席某个重大会议时，在接待规格、入席次序、发言先后甚至掌声频率及热烈程度调控等高尖端人事礼仪方面，你又几时发现经办人员敷衍过？

所以，不加区别地指责中国人性喜敷衍，几乎是一种诽谤。中国人是否热衷于敷衍，得与别种文明的价值观进行比较，方能得出结论。不同的民族各有顶真处，也各有敷衍处，当他们彼此打量，就有了比较和鉴别，也就有了高下之分。不幸的是，中国人顶真的地方，落在他族人眼里，往往不妨敷衍；而我们性喜敷衍的地方，落在他族人眼里，又是非顶真不可的。比如，在所有事关面子的领域，我们高度戒备，百般计较，甚至对一声寻常称呼，都要再三斟酌，论态度之认真，决不在日本人、德国人对待工程机械之下。有点阅历的中国人都知道，称呼“教授”时还带个“副”字，或胆敢不把演艺界人士叫成“老师”，均属于面子场上的重大失职，而在西方世界，我们没听说有这类讲究。因为专想着活给别人看，传统的中国式荣耀即是所谓光宗耀祖、荣归故里、封妻荫子、衣锦还乡，导致我们把脸面混同于尊严，活出脸面等于活出一切。而在那些与脸面关系不大的地方，即使事关公益，我们也马马虎虎，得过且过。

缺乏追求真理的动力及对科学精神的玩忽，也是一个原因。看中西方文人的室内陈设，不乏令人沮丧之处。在西方，即使那些文人，大都不乏科学精神，像歌德这样的大文豪，书房甚至让人误以为是化学实验室或人类学陈列室，而中国文人书房里的玩意儿，只是所谓雅玩而已，除了收藏和显摆，别无用处。

可见，并不是所有貌似敷衍的行为，都可以被指责为敷衍。在不值得认真的地方草草从事，那不叫敷衍，而叫“想得开”，叫“拿得起，放得下”，叫“深谙张弛之道”，只有不得其法的敷衍才会授人以柄。比如，对一名学者来说，我们希望他在著书立说、开坛讲课时全力攻擂，切忌敷衍，而在与学术活动没啥关系的地方，大可敷衍马虎，睁一只眼闭一只眼。假如颠倒过来，他在著书立说时态度随意，对他人成果奉行“拿来主义”，而在评职称、争待遇等方面斤斤计较，寸土必争，有时，更下作到为自己在主席台上没有被安排在左三而是安排在左六而大光其火，这家伙就大势已去了。

看来，国人之所以予人敷衍之感，不是他们不会认真，而是计较的不是地方。抠一下字眼，那是一种与“塞责”勾搭在一起的敷衍。敷衍与塞责，原本不是一码事，敷衍未必塞责，塞责却铁定等于敷衍。难堪的是，这类可以定性成“塞责”的敷衍，恰为国人擅长，如此，我只能乖乖承认：的确，我们是一个性喜敷衍的民族。

好在，国民性不是一个僵硬不变的概念，它像个体一样，也有提升、成长的空间。以德国人为例，今天得到全世界称道的德国式严谨，绝非古已有之的日耳曼性格，百年前的德国货还被普鲁士首相俾斯麦斥为“在品质和数量方面都可悲地缺乏信用”呢；日本制造驰名世界之前，新渡户稻造博士曾在《武士道》一书中坦然承认，“松弛的商业道德确实是我国国民声誉上最糟的污点”。

乖戾

◇ 幽默是智力上的意外，因为来得突然和友善，来得俏皮，我们的感受就像意外得到一笔智力小费。乖戾则是性格上的意外，因为来得突然且狠霸，来得气势汹汹，我们得到的往往是突如其来的错愕，就像被兜头浇了一桶冰水。

乖戾，无常家族中顶不可爱的一员，如名称所示，它不仅乖张，还透着戾气。

一般的性格无常，未必指向他人，也可能指向自己。他许是因为心理失控才变得颠倒反复；既已失控，难免瞧谁都不顺眼，包括瞧自个儿。有些人专喜对自己生闷气，常会无缘无故绞自己的头发，对着镜子骂自己是混蛋，在日记里不断诅咒自己，一旦面前出现生人，立刻又笑脸相迎。至于青春少女的反复无常，偶尔还是魅力的来源——当然，最好别过分了。乖戾则不然，它是专冲着别人来的，是一种典型的攻击性格。我们不会因为某人动辄急躁、发怒，就把他归类为乖戾之徒，作为乖戾之徒，他的急躁和发怒必须兼具非理性的特征，他甚至会在你原以为兴高采烈时突然发起无名火来。

可以把乖戾与幽默作一比较，因为两者至少有一个共同点：都能使人惊讶，就像蚊子叮咬和接吻的共同点是都能使人皮肤酥痒。幽默是智力上的意外，因为来得突然和友善，来得俏皮，我们的感受就像意外得到一笔智力小费。乖戾则是性格上的意外，因为来得突然且狠霸，来得气势汹汹，我们得到的往往是突如其来的错愕，就像被兜头浇了一桶冰水。幽默是人间的润滑油，面对幽默，谁都会心情爽快。乖戾则如同判官的惊堂木，乍闻之下，不免脑门子訇然一响。面对乖戾者无因而至的骤然发难，我们第一个感受往往是：我招谁惹谁啦？第二个感受可能是：这日子没法过了。

话说回来，当你面对乖戾者时，你也容易成为乖戾者。这有两个原因：一、面对乖戾者，你引以为荣的温和脾气可能暂时失效，哪怕出于自卫，你也临时被激出一股戾气；二、即使面对乖戾者的发难（感受上与挑衅差不多）你仍然温和有加，一派谦谦君子的风度，也不能保证你不被对方视为乖戾。对方既然生性乖戾，他就会按照乖戾者的牌理出牌。乖戾者是以自我为中心的，以乖戾者的眼神看来，世间万物，无非乖戾。虽然我们都会被乖戾者弄得灰头土脸，狼狈万分，但我们还得知道，世上受乖戾者侵袭最深的，正是乖戾者本人。你也许只面对一个乖戾者，乖戾者则会觉得凡人无不乖戾。

我在生活中也遇到过乖戾者，其中包括才智过人之辈。乖戾者的牌理与正常人相反，所以在生活中，他总会给人出错牌的感觉，他的表现永远与你合乎逻辑的期待相反。哪怕你自以为正在讨好他，哪怕你自以为自己的讨好术非常高明，你仍然不慎开罪了他。开罪于乖戾者，就像天上的不测风云一样，说来就来，无章可循。所以你没必要自我检讨，乖戾之所以成为乖戾，正在于他的行为不以你的努力、意志为转移。说得极端点，哪怕你为了迁就他而最终把自己弄得乖戾起来，你仍然无法适应他的逻辑。伊拉斯谟认为，“一个疯子会嘲笑另一个疯子，各人都让对方感到其乐融融；而你时常会见到那个发疯更厉害的人对着另一个不那么厉害的人笑得更大声”。两个乖戾者也是如此，他们无望成为惺惺相惜的同道，他们的脾理依旧毫无共通之处，他们也许斗得更加厉害，就像两只刚一照面的公鸡那样。但是，他可能只是在与自己的幻象作斗争，至于我们，只是非常不幸地充当了他的幻象道具。

将乖戾者视为某种心理上的病人，看来不能算是诽谤。通常，一个人境遇不顺（尤其表现在婚姻、仕途上），最可能变得乖戾。这种由境遇导致的乖戾，也可能因境遇的改善而消失。话说回来，人们倾向于将那些与自己“道不同”的人视为乖戾者，丘吉尔眼里的斯大林就是个乖戾之徒，奇怪的是，罗斯福总统倒觉得斯大林还算通情达理。另外需要留意的是，有人也会故意借助乖戾来吸引眼球，18 世纪英国文坛的大宗师约翰逊博士就感叹道：“想一想，令人瞠目而视是一件多么轻而易举的事，只要做到荒谬乖张就足够了。我能赤足进入别人客厅，就足以使人瞠目结舌了。”我坚持认为，台湾的李敖先生声称自己的文章位列五百年来第一名时，使的就是这一招数。我们只需这么“想一想”：没有人认同李敖的观点，但所有人都把这句话记住了。李敖便达到了目的。

约翰·密尔曾将乖戾与“性情的残忍、狠毒”并列，判定为“所有情绪中最反社会性的和最惹人憎恶的东西”，因此，对于没必要向乖戾之徒尽什么善待义务的芸芸大众来说，我的建议只能是，躲得远远的，让他一个人去发泄。戾气是一种天生要寻求释放的生命瘴气，释放的方式，类似于危机转嫁。所以，如果你不想舍身饲虎，就迅速抽身吧。

乖巧

◇ 乖巧者不会成为你的人生知己，但是，他又多么像是你的人生知己啊！乖巧无非是一种精致的温顺，它以他人的感受为目标，本质上是一种周旋术，轴心则是他人的立场和喜恶。

有一种世故很美丽，她的芳名就叫乖巧。——当然，“美丽”不见得是个铁板钉钉的褒义词，谓予不信，我这就另造一个孪生句子：有一种鲜花很美丽，她的芳名就叫罂粟。

一个瓷娃娃般的女孩，小嘴甜甜的，已经早早学会取悦他人。如果大人逗趣地问她：喜欢大舅还是二舅？二姨和小姑谁漂亮？她根本不会上当，而是用一种咿咿呀呀的外交辞令表示：大舅二舅我都喜欢，二姨小姑都好看。这当儿，我们中国的大人总是乐得合不拢嘴。小女孩受到鼓舞，不用说，日后当会更加乖巧，更加伶俐。

想想，拿薛宝钗与林黛玉相比，宝钗堪为乖巧的脚注，黛玉似乎就栽在不够乖巧上。隔着漫漫历史书页的读者，或许会更欣赏黛玉的孤高自许、目下无尘；至于书页里的当事人，尤其以贾母、王熙凤为代表的大人们，则另具一副现实眼光。金玉良缘战胜了木石前盟，即出自现实考量，也不妨释读成乖巧战胜了率性，伶俐击败了清高。

世故者通常不讨人喜欢，但乖巧是个例外。原因不外是，我们总是警惕世故者的算计，而乖巧让你意识不到算计。乖巧者以善解人意的技巧投你所好，从他的机智表情里，你大把大把地体验着愉悦和友善，而敌意或提防天然喜阴畏光，无法在愉悦的人际环境下存活。比如，谄媚往往显得低三下四，那不甚雅观的胁肩谄笑，让你开怀舒心之余，也难免疑心对方是否别有所图。乖巧不然，它有谄媚之实而无谄媚之相，乖巧者一派体己表情，满嘴聪慧应答，态度亲切，举手投足除了让你愉快，还会让你觉得宽慰，更重要的是，让你觉得自己是个人物。你即使不打算把隐私告诉他，你也会想，告诉他也不会有什么闪失。乖巧者不会成为你的人生知己，但是，他又多么像是你的人生知己啊！

当然，拿乖巧与谄媚相比，还因为两者间的共性。该共性集中在身份上，即，乖巧者或谄媚者之于他人，通常地位偏低。老板不会在秘书面前施展乖巧，父母不必在孩子面前表演乖巧。世上也没有老板谄媚下属的道理；老板即使想取悦下属，也犯不着卖弄乖巧。另外，由于乖巧在属性上偏于柔弱，它更多地体现在女性、孩子而不是成年男性身上，通常也要得体一些。乖巧的美丽性，往往就是这么来的。大哲伯特兰·罗素与家人关系并不好，唯独对孙女璐西偏爱有加，无他，璐西是个乖巧的女孩。

乖巧是好还是不好，不能轻易判断，还得看拿它与什么进行比较，还得看你与乖巧者是什么关系。如果乖巧的反面只能是鲁莽、倔犟和使气任性，两害相权取其轻，乖巧就要可取得多；如果乖巧有可能导致个性模糊、进取心不足，那么，对它就要重新审视了。我相信，黛玉的亡父亡母若地下有灵，八成希望自己的宝贝女儿能乖巧些，多修德，少逞才，得空就劝劝宝玉读书，考取功名，以便日后与宝玉结合，安安稳稳、有吃有喝地度过一生。身为父母，又明白女儿寄人篱下的处境，难道不该这么想吗？读者就不同了，读者的身份属于闲人，他们无需为自己的态度承担现实责任，故不妨从自己的心意出发，对小说人物指指点点。比如，读者就觉得曹雪芹的处理最为精妙，唯其如此，他们才可以寄托自己的美好情感，并借机掉几滴儿女清泪，叹几句人生无常。一个读者，欣赏小说里并不乖巧的林妹妹，同时却在生活中玲珑乖巧，言行竟似得到宝钗的真传，这并不矛盾。乖巧的现实好处，毕竟显而易见。

生而乖巧，是一种天赋；学得乖巧，是一种能耐，也可能成为一种牺牲，假如黛玉学会乖巧的话。从比例上说，我们的乖巧者好像太多了些，可见，大量的乖巧都是后天学得的。乖巧者众多的社会，会制造一种伪和谐。乖巧者固然会大大滋润人际关系，但是，人生值得追求的事，并非只有人际关系。顾名思义，乖巧无非是一种精致的温顺，它以他人的感受为目标，本质上是一种周旋术，轴心则是他人的立场和喜恶。自愿学习乖巧者过多，也许反倒说明了世道的艰险和人生的不易。所以，罗曼·罗兰才在他的《英雄传》序言里吼道：“社会在乖巧卑下的自私自利中窒息以死。人类喘不过气来。——打开窗子吧！让自由的空气重新进来！呼吸一下英雄们的气息。”

孤僻

◇ 孤独是思想性的，寂寞是情感性的，孤僻则是病理性的。

有两种可能，被他人冷落和被自己冷落。前者是一种伪孤僻，更适合放在嫉妒的显微镜下观察其繁殖情况，后者才是我们不妨制成标本的性格类型。

孤僻通常取决于血液属性和童年创伤，它是敏感学的一个分支，忧郁症的一家分号。乍看之下，它也有着寂寞的外表，孤独的气质，实则两不沾边。孤独是思想性的，寂寞是情感性的，孤僻则是病理性的。孤独是男性化的，寂寞是女性化的，孤僻则是中性化的。孤独有可能是一种自愿选择的生存方式，寂寞中常常伴有一股相思、怀人意味，孤僻则多半出于被迫。比方说，钱钟书先生反应敏捷，口才惊世，具有社交家的出众才能，越是在稠人广众之下越能显出舌战群儒的风采，然而他仍然喜欢逃避世人，躲进小楼，这便不能说成孤僻，只能说是性喜孤独。孤僻者虽然也喜欢逃避世人，躲进小楼，但一旦逃无可逃之时，他仍然是孤僻的，社交家的风采永远与他无缘。孤独者也许不屑与人交往，孤僻者却是没能力与人交往。孤独往往成为思想家的动力来源，孤僻则无此功能。躲进小楼的孤独者才思泉涌，创造之念滔滔而出。孤僻者躲进小楼却只是木呆呆地瞧着墙上的斑点，或不断地给自己写信——我的意思是写日记；也许还不断地焚稿——我的意思是烧日记。

孤独的人与世界对话，寂寞的人向自我倾诉，无聊的人找他人聊天，此乃三者的扼要区别。

性格总带有某种先天性，但人作为社会性动物，后天影响也不容忽视，孤僻就是如此。心理学家若和孤僻者聊天，只要方法对头，疗程够充分，一般总能找到一个或多个应该对该性格承担责任的特殊事件，如"童年创伤"。虽然有人遇到相似"事件"，却并没当回事，这便与"血液"属性有关。不过，我快要危险地扯到自己一窍不通的临床领域了，快快回头。

从看客角度，我们往往无法一下子瞧出某人是否算得孤僻。这里主要有概念上的混乱，即一般人较少注意孤独与寂寞的区别。寂寞是人类的大敌，人类中大约百分之九十八的人都是最怕寂寞的，但真正的孤独者恰恰不觉得寂寞。在孤独中他倍感充实，只是这一点别人意识不到，无论理论上还是实际上，他人都不可能亲见孤独者的所谓充实，这方面，我们只能由着人说，姑妄信之。同样，真正的孤僻者也未必感到寂寞，不管他的孤僻出于自愿还是被迫，在孤僻生涯中他事实上已具备了与孤僻相安无事、长相厮守的能力。他固然没有孤独者的创造欲望，却也没有无聊者的百无聊赖。所以，无聊者只要有人邀请，立刻会坐到牌桌上来，孤僻者总是懒洋洋的，即使终于坐上牌桌，看上去也像是给足了你的面子，而不是你让他的心灵获得了一次解放机会。——至于孤独者，则断然拒绝你的邀请。

孤僻是一个气沉丹田的过程，如果我们排除痴呆、迟钝的图像干扰，则孤僻还是智商高过 110 的那些人的事。一个在自信与自卑两方面都有过充分体验的人，才是孤僻的理想人选。孤僻者瞧不起自己，但也瞧不起别人。他有见解却没抱负，有学问却没冲动，他习惯于将生命状态从固体转化为液体，从思想转化为情绪。他躺在自己的情绪水面上，不思不想却又浮想联翩，不急不躁却又忧从中来。极端的孤僻易形成自恋，这几乎是必然的。

孤僻什么也战胜不了，却能有效地保护自尊。孤僻者大抵有着卓越的听觉，第一个预感到地震的八成就是孤僻者。孤僻易于转型为恋物癖倾向，仿佛具有特异功能，可以接收到很多我们谁也觉察不了的信息。孤僻者总是躺在床上，但睡着的时间多半比你我都少。孤僻是很有些审美价值的，因此，见到一名孤僻者变得合群起来，我庆幸之余也会稍感失落。

好 斗

◇ 好斗者之认定自己谦和，正好像蟋蟀绝不认为自己好斗。

好斗是一种极具观赏性的品质，虽然未必可敬。好斗者常遭鄙夷，但它的可取之处无疑更多。往浅里说，好斗至少是不甘平庸的表示，往深里说，好斗者至少流露出对胜利的渴望。

说“胜利”也许过头了，说成对“赢”的渴望更确切一些。但好斗者的想赢与有品位的赌徒相比，还有区别。优秀的赌徒应该是想赢服输的，好斗者往往在“输”前显得不够体面，他甚至不是怕输，而是回避输，否认自己也有落败一说。赌徒输惨之时，当着赌友面尚能不失从容，尽可能示人“胜败乃兵家常事”的淡定表情。个别出色的赌徒宁可在别处落下把柄，也不愿丢掉输家风度，比如他在外面打砸抢，仅仅是为了归还赌债，别被赌友瞧不起。历史学家黄仁宇先生当年作为国民党接收大员中的一员，亲眼见识过大量战败的日本鬼子，他以生动的实例告诉我们，日本人不失为“第一流的输家”。

反观好斗者之大败亏输，必急红了脸，死不认账。其中道理八成是：赌徒坐上赌桌，脑子里想的只是玩一把，试试运气，他并没有认定自己比别人优秀，认定传说同样好赌的上帝今晚一定站在自己一边。好斗者不然，他与人发生争执，只是履行一项仪式，他是在自以为胜券在握的情况下与人争执的。人们总喜欢将好斗者比喻为公鸡，这个比喻极富观察力，诸位想想，公鸡在与对手打斗前，可曾想过自己会输？脑子里可曾转过“胜固欣然败亦可喜”的念头？在充血的鸡冠最终沾满鲜血之前，它只想着自己的胜利。有品位的赌徒事先必然做好了摸一手坏牌的准备，好斗者在与人玩牌前，往往有意无意地坚信，自己会摸到同花顺子，而且牌面还是黑桃，以 A 打头。

好斗不是注定讨嫌的角色，一个拳击手如果缺乏好斗的品质，没有人愿意向他喝彩；我们大学生辩论赛上的选手如果表现得过于文质彬彬，对“对方辩友”缺乏攻击性，评委们也不会给他亮出高分。西方上流社会的沙龙里如果缺少几张好斗的利嘴，这个沙龙的吸引力也会下降。我们发现，在时下互联网时代的中文论坛上，好斗者也会聚集大量人气。

好斗，有两种情况，一种是私底下进行的，一种出现在公众或社交场合。前者斗在暗处，后者斗在明处。擅长斗在暗处的，当着众人面可能非常谦和；喜欢在明处与人相斗的，一旦回到家里，周围没有了话语伙伴，很可能顿时泄了气，斗志全无，只知没出息地一个人玩纸牌接龙游戏。前者可由世上的大阴谋家提供范例，至于后者，则有 19 世纪俄罗斯作家提供的大量“多余的人”为样品，例如屠格涅夫笔下的罗亭和莱蒙托夫笔下的毕巧林。两者的区别不仅在于“明暗”，我们还可以这样理解：暗处的好斗，有时效命于事业，有时听令于人际关系。当他的好斗体现在如何使自己更有出息、更能出人头地时，人们愿意嘉许他；当他的好斗用来处理人际关系时，则往往意味着下绊子、捅冷拳，谁撞上他谁倒霉。明处的好斗则简单得多，虽然表面上让人难堪，实际上却没啥害处，也就是一点过后即忘的难堪而已。明处（亦即社交场上）的好斗者，易于让人产生傲慢之感，其实也有不同。傲慢者通常不屑于搭理别人，好斗者却言语滔滔。傲慢者喜欢给人脸色看，好斗者却更喜欢用语言“拿住对方”，使人难堪。

好斗的家伙，通常不愿意承认自己好斗。对此，我有两个相反的观察成果，可供互验。其一，我有些朋友，我以为他们非常喜欢用话语“拿住对方”，让别人下不了台，当我指出这一点时，他们无一承认。其二，不幸的是，就说本人，虽然自以为待人接物还算本分低调，但不少朋友偏不这么看，他们多认为我特别好斗。为此，我只能被迫提供如下浅见：好斗者之认定自己谦和，正好像蟋蟀绝不认为自己好斗。

两个好斗的人，容易成为朋友，而且是那种特殊的朋友，有点像某些“大吵三六九，小吵天天有”的夫妻，谁都视对方为仇敌，又谁都离不开对方。人性专家陀思妥耶夫斯基在《群魔》中有过一段精彩表述，他说：“有些友谊是颇为奇特的：两个朋友都恨不得把对方吃掉，两个人一辈子就这么活着，可是又无法分开。甚至根本就不能分开：一旦果真闹翻，那个挑起争端并跟对方断绝往来的朋友，将首先抑郁成疾，甚至会一命呜呼。”我以为文学作品中堪为陀氏此论充当注脚的，非托马斯·曼《魔山》中的一对朋友可比：“意大利撒旦”塞特姆布里尼和耶稣会会士纳夫塔。感兴趣且不怕累的读者，可试着到那本巨著中去一探究竟，我就卖个关子，不加细说了。

好色

◇ 好色即使是一种弱点，也是人性的弱点；不好色即使是一种优点，也与人性无关。

被说成“好色之徒”，谁脸上都挂不住，但要某人（当然仅指男士）当众承认绝无好色之习，他不仅不干，说不定脸拉得更长。这种场合，舌辩之士往往会在双关语上抖露机锋，将自己的好色加以引申、挪转、偏航、升华，远兜远转到美学高度，方肯打住，成语“好色而不淫”，就来自这类家伙的贡献。这道理在女人那里也很现成，比如，没有女人愿意被称为婊子，即使她正在娱乐行业讨生活，但如果让她付出不解风情的代价，独占冰雪情操之美，她又未必高兴，说不定脸蛋还会变红——当然不是玫瑰色的。

好色即使是一种弱点，也是人性的弱点；不好色即使是一种优点，也与人性无关。树木花草最不好色，传递风情的事都不愿自己来干，还得借助蜜蜂的翅膀。我想，生为“万物之灵长”的人类，大概不愿向植物界请教贞操维持术吧？

所以，这里牵涉的，仍是“度”的学问。丈夫对妻子好色，男人在社交场合对漂亮女人（或希望被认为漂亮的女人）称赞上几句，诚是古今绅士的必修课。女人在社交场合或在丈夫、情人面前略加——或大加——卖弄美姿美色，亦属淑女的端庄举止和正经学问。想想也是，当代女性衣着上的大胆泼辣早已不是新闻，“性感”或“风情”等名词中的贬义成分也已被今人抽干，T 型舞台上的漂亮模特甚至内衣都不穿。当她们风情艳艳地掠过男人身旁，男人却一个个端出非礼毋视的表情来，女人遭受的打击，还有比这更沉重的吗？

因此，更进一步说，好色甚至还不是“度”，它简直就是人的自然本能。一个不好色的男人，也许可以成为君子，却不配成为男人。男人不必是君子，正如君子也不必是男人，世上的事就是这么有趣而促狭。我怀疑，男人中只有两类是不好色的，一类是一心追随上帝的，一类是一意攫取权力的。追随上帝，当然不仅指基督教的那个上帝，也可以包括各类古怪神；攫取权力，也不见得非要做成窃国大盗，一个巴望着成为科长的小职员，其作为自然人的基本情感也不妨被权力欲由逐渐到彻底地蒸发掉。两类人的共通之处在于，他们都不自觉地属于人世间的迷途者。一心想当追随者，通常也就自认迷途，而权力欲对人心的改变，本来也是不逊于情欲的。

在人类社会，好色主要是男人的品质，漂亮女人较之英俊男人，占到的便宜总是更多。但我们发现，自然界中，通常总是雄性动物更具美色，也更喜欢卖弄美色，雌性动物反而成了美色的欣赏者——未必是追求者。这里透露了两个有意味的信息。其一，好色本是生命界的常态，不分雄雌；其二，人类中的女性，有可能比男性进化程度更高。明摆着的事实是，虽然英俊男人更容易让女人动心，但说到以貌取人，主要是男人针对女性的特点。漂亮女人嫁给（或挽住）相貌平平的男人，十倍多于英俊男人勾引丑陋女人。女人对幽默男士的动心，也百倍多于男人对知性女子的欣赏。

当我们说某人是好色之徒时，指的未必是他的性格，而是他的体质或经济状况。有身份的人在游艇或宾馆套房里好色，并不妨碍他在外面扮演君子；没有身份地位的人，只能在大街上好色，一不小心就成了流氓，做了色狼，蹲了班房。结果，一个人地位越高，便越不容易让人看出好色来，而本着“饱暖思淫欲”的行为特点，养尊处优者较之食不果腹之徒，从生理机能上也更具备好色能力。以美国前总统比尔·克林顿为例，他若非倒霉地遇到一位锲而不舍的独立检察官斯塔尔以及别的一些闪失，他在白宫椭圆形办公室里对实习生莱温斯基干的那些勾当，谁会知道呢？

在现代社会，好色作为一种性格，差不多无甚意义，我们更应该从社会的差序等级中去观察它。我相信，世界上最大的好色之徒，未必在监狱里。监狱里待着的，只是些危害治安的色狼罢了，他们的好色行径，落在那些大腕政要眼里，也许还无趣得很呐。

豪爽

◇ 豪爽总是透着一股酒德，它使人沉醉，让人开怀，诱人迷失，却无助于豪爽者本人在人世间的上下求索，夤缘得势。

谁不喜欢与豪爽者交朋友呢？——话说回来，谁又打心眼儿里认为豪爽有啥了不起呢？

首先，可以认定豪爽是一种男性品质，女人中若出现豪爽者，人们总会不由自主地夸她什么“巾帼不让须眉”，这正好从反面坐实了豪爽的男性特征。其次，豪爽是一种利他性品格，豪爽者在给他人带来欢笑和方便的同时，也难免使自己的口袋日渐空疏，使妻子的脸色日益难看。好在豪爽之为豪爽，正在于他豪爽得全无自觉，全无心计。豪爽不是算计，不是策略，它是天性的自在流淌。

在与朋友喝酒时，抢着付账的总非豪爽者莫属，偶尔的例外，多半是由于这位豪爽先生已经烂醉如泥了。的确，豪爽总是透着一股酒德，它使人沉醉，让人开怀，诱人迷失，却无助于豪爽者本人在人世间的上下求索，夤缘得势。一个货真价实的豪爽客，嗓门可能比谁都亮，派头比谁都大，却未必是一个让人抖抖豁豁的主儿。

也正因此，我们沮丧地发现，在人类已知的大德大贤中，几乎没有一位具备豪爽的性格特征。真正目光远大、习惯以雄鹰气概俯瞰众生、以牧羊人身份鞭策自我者，当然不愿意仿效豪爽者的行为方式。如果他们竟然这么做了，就是说一个素来以阴鸷之道立身行事的家伙某天突然发出豪爽的大笑，请你留神笑声背后的暗器。豪爽作为一张牌，一种拖刀计，是常能将对手立斩于马下的。如果豪爽是黑旋风，大人物的伪豪爽，充其量只是“蝙蝠侠”。注意，我说的不是好莱坞电影中的那位超能好汉，而就是单指那一道道人神莫测的鬼迹魅影。

当然，利他品格并不见得真能处处利他，让豪爽者代你“埋单”固然非常划算，让他照看小孩或照管公司业务，捅了娄子你可别怪对方不够朋友，谁让你自己不长眼睛？在生活中，有两种人是最需要我们加以设防的，一种是奸诈之辈，另一种嘛，差不离便是豪爽之士了。奸诈之辈存心使坏，豪爽之士则会无意添乱，不管存心还是无意，结果没什么两样，反正我们都遭到了伤害或损害。区别在于，被奸诈之辈暗算了，你还可以想法报复；被豪爽之士搅了局，就只能自认倒霉。由于生活中奸诈小人在比例上略少于豪爽客，所以，我们受到豪爽客捉弄的机会，还可能更多一些。这个“多”还有另一层原因，奸诈之辈的存心使坏，通常难得一见（如果他天天使坏，也就不成其奸诈，而沦为泼皮无赖了）；豪爽先生的无意添乱，倒更像是一道家常景致。就我而言，这辈子受到小人算计，自以为极为少见，但因为朋友大大咧咧不拘小节的脾气而蒙受难堪，倒不在少数。当然，官场中人的感受，可能与我截然相反。我对官场殊少体验，不敢妄断。

不用说，豪爽本身属于那种平面展开型的性格，一个豪爽者可以感染一桌斗酒划拳之辈，然其缺乏纵深感也是不消说得的，理由是：豪爽本质上属于一种肺部扩张而非心灵震颤，因此，不仅手拿手术刀的大夫不太可能具备豪爽的性格，通常从事所谓思想教育的人士，也与豪爽无缘，虽然后者在生活中常会成功地向他人制造出豪爽的视觉效果：两手叉腰，身子后仰，再紧缩舌根，笑得声震云天，这便所谓的“豪爽”起来了，天下没有比这更价廉物美的表情了。

豪爽，我认为它不是那种自我圆满的性格，就像石油每每与天然气共生或孔雀开屏时总难免呈现出丑陋的肛门一样，真正的豪爽也会带有让人不易接受的脾性，包括时间观念太差、卫生意识不强、借别人的钱常常忘了还等等。人们很喜欢与豪爽者喝酒打牌聊天旅游，却不太愿意请豪爽者一起喝咖啡。装修新居时人们首先想到请豪爽者帮忙，一俟新居装潢一新，则十有八九忘了把电话号码告诉他。

狐疑

◇ 狐疑更像某种无人过问的疑虑，在一个无人地带，独自跳着狐步舞。

“狐疑”是个非常漂亮的词，简练生动，相形之下，“费了九牛二虎之力”之类成语，就显得累赘笨拙，古人当年创造它时，好像真需要费那么大的力气，不像“狐疑”，一望可知属于天才的灵光乍现，嘉惠后人，任何时代都不会过时。作为词语的“狐疑”是可以付诸想象的，我们一瞥之下就能捕捉到它。你只要对这个词稍加凝视，脑海里就会掠过一头黄色狐狸的美妙身影：它疑心重重，步伐飘忽，连尾巴都具有眼睛的功能，正把你细细打量。

然而，正如人们难以划清野心和雄心的界限，要说明谨慎与狐疑的区别，也非易事。在外观举止上，狐疑与谨慎往往合用着一套嘴脸，说话的腔调也如出一辙。外观上的相像，会给判断制造障碍，我们一不小心就可能将谨慎者误认为优柔寡断，一不留神也可能将狐疑的表情误解成深谋远虑。据说“有比较才能有鉴别”，那么，我且试着将狐疑与别种疑虑作一比较，看看能否鉴别出些新的东西。

狐疑当然是一种猜疑，但又比寻常的猜疑更难缠一些，更胶柱鼓瑟一些，也更难以被说服一些。猜疑是一种凡人皆有的常态性格，狐疑则经常被归为病态，虽然它与医学上认定的那种带有神经强迫症特点的怀疑，又不是一回事。事实上当一种疑虑无法与“谨慎”沾上边时，它便被剔出正常的怀疑世界，降格成了“狐疑”。狐疑，是一种针对性不明的怀疑，如词汇本身所示，我们若非老练猎手，根本说不清那头狐狸到底为啥疑心重重。

谨慎过后，通常伴有行动，所以谨慎背后也可能贯彻着某种行为意志，狐疑的背后却可能啥都没有。狐疑更像某种无人过问的疑虑，在一个无人地带，独自跳着狐步舞。较之猜忌，狐疑目标暧昧，也未必带有攻击性。狐疑是寂寞的，狐疑者的视线也远没有猜忌者那么锐利。一个人自认多疑，他也许是想表明自己具备一位哲学家的素养，具有那种人类最为珍贵的怀疑主义精神。如果他果真具备这种精神，我们当然愿意相信，这种精神不可能经由一头狐狸的曲线加以演绎。狐疑从不针对自身，从不反躬自问，这是狐疑与怀疑的本质区别，唯其如此，狐疑便丧失了自我分析、自性开悟的能力，狐疑者永远找不到北。

与狐疑最接近的性格，非犹疑莫属，这样，我们又凑近了狐疑一步，发现它主要是一种女性性格。众所周知，狐狸作为一种动物虽也有雌雄之别，然而人们提到它时却总是认定为阴性名词，仿佛它属于单性动物。中国文化、文学史上那么多狐仙，几乎尽由女子扮演，也多少算一种证明。且不说狐狸身上的那点可怜气味，多年来也一直被人不怀好意地用来指责那些生活态度较为随便的青年女子。若说狐仙中还不乏良家女子，骚狐气里就较难找到从良的理由了。这样，我们在狐疑中便能感知到一缕媚气，狐疑也由此和“犹疑”拉开了明确的距离。的确，汉语的词汇量是那么丰富，对一位追求用词精确的人来说，他大可不必把“狐疑”用在一位男子身上，除非他想暗示，该男子有明显的女性化倾向。性格和词汇一样，本来也有阴阳之别，只是有些文字表现得特别明显（如法语），有些文字（如汉语）表现得比较隐晦罢了。

狐疑还好像是一种气质性的多疑，它可以不断从狐疑者内部生成怀疑的理由，继之以一种娇嗔的方式体现出来，结果，狐疑虽然主要由女性发动，却成了那种最能使英雄气短的东西。反过来说，由于这个世界并非经常性地需要一往无前式的坚定，狐疑作为生活中的润滑剂，常常也能使受感染者避免超速行驶。

怀旧

◇ 怀旧是一种情调，但有时难免会显出弱智。回忆有可能是客观的，怀旧则是主观先行。

情感不同于理性，难免包含若干不可理喻的成分，正如健全的理性，也不应把情感剥夺殆尽。怀旧即是如此，当我试图面对它时，我想：情感上的事远非文字所能穷尽，它性喜追随心灵。从来，只有理性在迁就情感，情感素无向理性就范的习惯。——怀旧就是如此。

孩子不会怀旧，因为无旧可怀；青年人不容易怀旧，他们的日子如果不是像蝴蝶一般翩飞，多半就在为如何融入社会而苦苦挣扎。他们此时的浓情岁月，倒是可能成为日后绝佳的怀旧题材。是的，日后，不是现在。老年人会怀旧吗？按说会的，但老年人的怀旧在纯度上往往不太牢靠，对单一事物的反复唠叨，容易磨损怀旧的情感质地，以至于老年式怀旧较难让人体味其中美好。他讲述过去的事情，有时只是为了证明自己不复当年之勇。这类证明当然涉嫌可笑：老年人不复当年之勇，原属天经地义之事，有啥好证明的？假如关云长60岁后还能“温酒斩华雄”，一定是在吹牛。不是他自己吹牛，就是小说家在替他胡吹乱侃。

纯粹的怀旧，应该去除炫耀成分，以便还原成一种情不自禁的精神回归。怀旧是一道时光之漆，用以刷亮往事，暧昧当下。往事既需刷亮，则多半意味着，那是一种未必被幸福充满的生活。毫不奇怪，人们更愿意对过去的苦难而不是昨日的幸福进行怀旧。我们安慰他人时常常会说："多想无益，过去的就让它过去吧。"实际上，我们的怀旧感可以证明，恰恰对那些相对幸福安逸的生活，我们最习惯养成"过去的就让它过去吧"的态度，我们更加强烈的怀旧对象，永远集中在那些相对不如意的事情上。如果其中也有幸福，则必须有点不同寻常才行。

有部好莱坞老电影叫《过去的好时光》，片名颇含至理。我们指责某人不吸取教训，爱说一句俗话"好了伤疤忘了痛"，其实，擅长"好了伤疤忘了痛"正是人类赖以积极向前看的心理势能。难道，我非得把一场30年前的病痛刻骨铭心到宛如昨日的程度，才算不虚度生活吗？不，我们不仅性喜"好了伤疤忘了痛"，我们的心灵还有一种有趣的作孽心理，擅长把过去的苦难默默谱成小曲，以便借助回忆之弦，低吟浅唱。不久前，我和几位朋友在内地一家茶馆里放肆地怀旧，大家竞相回忆早年经历，那些当年曾使我们大感单调、无趣的"革命样板戏"，此时从嘴里唱出来，竟然完全失去了依我们的道德和良知水平所应有的愤慨，我敢说，即使回忆初恋，我也未必更加痴迷。这说明，怀旧是一种不讲道理、无视正义的情感。同样，我们也可能津津乐道于一桩早年的难堪经历，甚至，我们还会以炫耀的口吻，像暴发户攀比财富那样比较各自的饥饿体验。这事儿值得攀比吗？没法子，哥们儿几个在一起，有时就会这么干，浑然不觉其中藏有变态因素。

没什么变态的，怀旧自有怀旧的轨迹，无论我们的知识和道德水平如何，怀旧感的萌生依旧像那不测风云，说来就来，无因而至。

怀旧不容易给我们注入力量，却可能丰富我们的情感和生命韵味。怀旧是一种情调，但有时难免会显出弱智。回忆注重细节，怀旧关乎情调。回忆有可能是客观的，怀旧则是主观先行。有时，我们的心旌还会对那些与自己并无直接关联的事物胡乱摇荡。比如，在一拨海派女作家的推动下，上海人对以张爱玲为代表的上世纪 30 年代上海滩的怀旧，已持续多年。谁都知道，怀旧者并没有生活在那个年代，她们所怀的乃是他人之旧，而非自身之旧。若恭维她们一下，我可说这种怀旧已接近圣人境界了，当孔子说“郁郁乎文哉，吾从周”时，孔子所怀恋的，也是他本人不曾生活其中的周朝。

如果你怀旧了，说明你至少有了半把年纪；如果你怀旧了，说明你拥有了闲暇，哪怕只是临时“偷得”的“浮生半日闲”。在那一刻，你的日子没有被装上齿轮，你可以从容地把时间打造成玩具。怀旧，说穿了就是一种情感魔术，会玩的人，可以把它弄得非常文化；即使不怎么会玩，也有助于深长你的人生意味。

焦虑

◇ 我们不明白自己为何焦虑，我们只是实实在在地生活在焦虑之中。

焦虑，差不多每个现代人都与之打过交道，而古人很可能根本不知道这玩意儿。是的，我们或多或少都是焦虑的行家，都明白焦虑的厉害。

焦虑是紧张吗？不完全是，我们的生活也许非常有序，甚至非常安全，并没有在周围感觉到何种敌意，但我们还是焦虑了。焦虑可能导致紧张、不安或烦躁，但紧张是有原因的，不安或烦躁也是有针对性的，焦虑却无因而至，我们不明白自己为何焦虑，我们只是实实在在地生活在焦虑之中。所以，在西方，焦虑者历来是心理诊所的常客。中国的情况也差不多，只是国内还没有那么发达的心理咨询业罢了。

关于焦虑，我的浅见是，它可能属于文明的代价。现代文明的发展过于高速，人类可以在社会人的层面上尽可能适应这个文明，却无法在自然人的层面上适应它。生命原本有自己的内在节律，这种通常不为人察的节律，天生具有从容悠闲的倾向。但现代文明是一种效率文明、速度文明，结果，正如大型喷气飞机和汽车尾气正在蚕食大气臭氧层一样，“摩登时代”式的生活节奏，也侵入了我们生命的臭氧层。我们内在的节律紊乱了，焦虑，就是这种紊乱的反映。

虽然历史是一辆单程车，有往无返，但我怀疑，造物主当初创造人类时，并没有想到逐渐学会驾驭自身命运的人类，最终会发展到目前这一步：成为速度生活的崇拜者。我们在成为速度崇拜者之前，通常没有来得及询问一下内心：速度生活是否是一种更值得过的生活？我们是被所谓的时代车轮不由自主地卷带进去的。文明车轮不可阻挡的轰鸣声，掩盖了我们内心更为真实的呼喊，我们的自然人意识由此被迫转入守势，被迫进入休眠状态。焦虑的种子，自此深埋心底。如果沙尘暴是大自然对人类的索赔方式，焦虑则是造物主借助我们自身的力量，对速度人类进行的心灵索赔。

过于发达的大脑倾向于轻视心灵，以致忽略了一个最不该忽略的事实：心灵远比大脑聪慧，它只是拙于表达而已。我们的智力和社会人格，倾向于不由分说地进入这个速度世界，我们的内心却在悄悄地说“不”。我们自然人的生命节律跟不上我们社会人的生活节奏，焦虑遂应运而生。

对今天的都市人来说，焦虑是大家最能产生共鸣的心理经验。焦虑之于你我，不是“有”和“无”的问题，而是“多”和“少”的问题。相对而言，总是那些地位更高、权力更大、财富更多的人，拥有更充分的焦虑体验。焦虑，事实上成了文明人的精神宿命，真相是，一个人的外在成就越高，内在焦虑也越强烈。相比较而言，总是农民比工人更少焦虑，工人比白领职员更少焦虑，艺术家比银行家更少焦虑，家里揭不开锅的穷汉比吃遍山珍海味的富豪更少焦虑。

考察当代人性生活的焦虑，也许更能帮助我们接近焦虑的真相。性，是人之大欲。虽然每一个现代人都会对现代避孕技术由衷地产生感激之情，因为正是现代避孕技术，使人类的性器摆脱了生殖的羁绊，一跃成为享受的利器。但我们也应该同意，作为一种感受的性欲，原本与文明无关，一个人不会因为生活在两万年前，交媾快感就大打折扣，也不会因为生活在高科技的今天，阳具就理所当然地较古人来得壮硕善战。与古人比较，现代人只是具备了更多的性学知识而已。如果有人因为性学知识的丰富而水涨船高地获得了更好的性感享受，估计上帝也会祝福他。但事情远非如此乐观，"伟哥"的泛滥即使不能证明人类已面临集体阳痿的危险，至少也暗示了此事的大告不妙。理由很简单，人类的性器本是通灵之物，至情至性之物，天生具有"绝圣弃智"的爱好，天生由不得现代操作主义者按照技术的配方进行折腾。排练姿势，预订快感，算计高潮，性器终被折腾不过，遂只能临阵脱逃，撂挑子了。

就智力而言，人的大脑有时甚至不如人的性器。性的焦虑，归根结底，还是文明的焦虑。

尖刻

◇ 一个聪明过人、口才滔滔的家伙，同时在同情、怜悯等方面又缺乏起码的储备，必然会变得尖刻。

尖刻有时是一种充满才气的嫉妒，有时是一种有说服力的诽谤，有时是一种超出必要的深刻，有时是一种明目张胆的坦率，有时是一种过于露骨的吹捧，有时又是一种不顾他人死活的自炫。

从字面上看，“尖”字上“小”下“大”，表明那是一种把大力气花在小地方的刻薄；“小”下有“大”，又表明这份刻薄不仅锐利，还颇能言之成理，小中见大。要知道见不出“大力气”的刻薄，是没资格被表彰为“尖刻”的，就像寻常的小刁小坏没法被恭维成“刁钻”一样。如果“尖刻”系“尖酸刻薄”的缩略语，我们自然可以感受到其金刚钻般的力度：智力眼看着被磨成了一把锉刀，就要当胸刺来。所以“尖刻”固然是对某种性格的描述，却也成了对智力的肯定，哪怕肯定得吞吞吐吐。毫无疑问，这是那种不怀好意、惹是生非、好勇斗狠、令人难堪的智力，这份智力若在棋盘或外交场所施展，我们谁都会看得惊心动魄，大加赞赏，若施诸社会普通一员头上，则让人无法承受。

简而言之，尖刻是一种走向歧途的智力，它尤其擅长在品评人物方面施展其魔鬼般的才华。套用一句时髦术语，它是一种“酷评”，能够把对他人的指手画脚、讽刺挖苦上升到艺术高度，让被挖苦者陷入某种人格上不得好死的悲惨境地。一个聪明过人、口才滔滔的家伙，同时在同情、怜悯等方面又缺乏起码的储备，必然会变得尖刻。

一旦我们明确了“尖刻”中的智力因素，接下来的问题便是：这份智力是如何被引向歧途的。——你或许会同意拙见：刻薄怎么说也不是人间正道，更别说“有才气的刻薄”了。

“尖刻”属于“在野”的智力，天然与“庙堂”呈对立状态。它是才华不被重用或才华暂时没有找到出路时的表现方式。大致说来，一个社会里受屈辱被误置的才子越多（有时是自以为受屈辱被误置），“尖刻”之士必然随之增多。这是因为才气就像水流和现金，喜动不喜静，如果找不到自己的航道，或没法被强制安置在某个水库里（官职、名利或监狱，都是“水库”的具体表现），它就倾向于泛滥。“天下无道，处士横议”，说的多半也是这个理。“尖刻”是个游击手，擅长巷战和狙击，缺乏战略素养，却精通战术。由于他旺盛的智力找不到对社会负责的方式，或他认为自己的智力被排除在社会服务体系之外，他便会怂恿自己的智力盲目发展，只对一己的喜怒哀乐负责。而智力，说起来有这样一个奇怪的特点：越是被放纵着使用，它也越容易得到发展。我们在生活中经常看到，只有傻瓜才经常抱怨脑子受累，动不动就说头疼，时不时要让大脑歇息一会儿，聪明之士（如柯南·道尔笔下的夏洛克·福尔摩斯）则永远担心大脑无事可做。“尖刻”者正是这样的聪明之士，他不加约束地放纵自己的智力水流，无所顾忌地对别人横挑鼻子竖挑眼，最终，当他被指斥为“尖刻”时，他已无法做到不“尖刻”了。“尖刻”成了他格物致知的出发点，他进入了与“尖刻”物我两忘的可怕境界。

“尖刻”起初总是出于被动，被动的“尖刻”如小猫受惊后的发难，你虽然感觉到种种敌意，在他也许只是某种预防措施；你虽然觉得受到伤害，在他也许只是防卫过当。但被动的“尖刻”如果不加节制，或没有被某个“水库”涵养起来，它又必然会自发地走向主动。这时它会四处出击，刻意作秀，成长为一名防不胜防的游击手。——不过，那又有什么大不了的呢？从社会趣味的角度考察，“尖刻”者最可取的功能是：它使社会频频受惊却不构成实际危害，结果，它恰恰完成了对社会趣味的丰富，就像酷评家那样。

就某些优秀人士而言，尖刻还可能成为他宅心仁厚的证明，尖刻只是他疾恶如仇的表现。之所以疾恶如仇，当然因为他还有友善如亲的一面。这取决于尖刻的对象，一个老是拿所谓“弱势群体”取笑开涮的家伙，话说得再苛刻，也无足道哉。尖刻，它是语言的刺客，我们评价它时，还得看它是否同时具有语言的侠客功能，再作定夺。我最为敬重的三位中国文人鲁迅、钱钟书和王小波，说起刻薄话来，也是最为凌厉的。而且，就像华盛顿·欧文说的那样，这种“刻薄之人不会随着年龄增长而变得温和，毒舌就像一把利刃，越磨越锋利”。

坚强

◇ 我说过，真正的坚强者，往往都奇怪地充满了弱者意识，而绝非自以为坚强。

坚强可粗分为两种，一种是仅供观赏的，充满造型意识的，因而只是坚强其表，脆弱其里，不得当真；另一种则不以取悦他人眼睛为目的，坚强是他的本质。具有内在坚强的人，完全无需表演坚强，甚至无需确认坚强。自以为坚强的人，含金量往往未可高估；而老在为自己的软弱羞愧的家伙，说不定已经足够坚强了。我们知道，世上最勤奋的人，多半属于那些老在抱怨自己懒惰的人，真正的强者，也极可能出现在自认为软弱的人之中。我曾是韩国围棋皇帝曹薰铉先生的热烈欣赏者，喜欢围棋的朋友都知道，曹先生棋力强劲，斗志高亢，他的棋风就是招招爆满效率，手手置人死地，宁可下得过分而致败，也不愿下得保守而取胜。但我怀疑，正是曹薰铉这样的人，最可能为自己的某一手棋不够狠辣而大感懊丧。只有经常为自己的偶或软弱而捶胸顿足的人，才是真正的强者。

外表上的坚强，说明不了多少问题。一个冷漠者，一个自私者，都可能在观感上被人误读成坚强。让人沮丧的现实是，冷漠或自私，在生活中往往还是一层高效的生命保护色，不少长寿者都具有冷漠和自私的特点，他们很少为他人的喜怒哀乐所动，自然也就很少使生命有所触动。我猜想，乌龟长寿的秘诀，显然与它的不动声色有关。由于坚强的外在形迹极易让人误以为镇定自若，那些仅仅因为冷漠或自私才显得不动声色的家伙，也可能大面积猎取坚强的声名。人们一般习惯于根据事态的程度或性质来判断对方是否坚强，而不是依据当事人本身的情感特点。即以丧妻而论，寡情之辈的从容不迫，与深情之士的镇静干练，便完全无法同日而语。只有当对方富有情深时，我们才可能确认他的坚强，如二战名将蒙哥马利，丧妻后并无涕泗滂沱之举，他对亡妻的挚爱，是通过全身心埋头工作和绝不再娶的长期行为，日复一日地缓缓释放的。这也是我阅世观人的基本出发点，我从不认为冷漠的家伙有什么坚强，正如我不会为一块石头写什么“花岗岩礼赞”。

对于自认为坚强的家伙，它往往只是一种暂时还没有倒下的姿态。意识到自己的坚强，十之八九也就是他自感技不如人的时候。它有时是一种具有感染力的固执，有时是一种穿上锁子甲的软弱，有时又是一种绑上石膏的镇静。一个花了四小时十五分才跑完马拉松全程的人，或一个在裁判数到七时才挣扎爬起的拳手，最有希望得到坚强的评价，尽管他十秒钟后又被揍出绳圈之外。与之相对，率先冲过百米终点线的人却被认为与坚强无缘。可见，在有些情况下，坚强不幸地沦为劣势下的美德，一顶失败者的荆冠，正如傲慢乃是强者的名片。当一个人露出坚强的嘴脸，那常常意味着，这位老兄已有点不妙。

我说过，真正的坚强者，往往都奇怪地充满了弱者意识，而绝非自以为坚强。这再次说明了本书强调再三的核心观点：一个人具备何种性格，并不由他自己说了算，自以为拥有，也许反而落空；自以为缺乏，也可能货源丰沛。在性格领域，人们常会有意无意地使用易容术，人们对自己的性格并不都具有自知之明。比如，想当艺术家的，常会想当然地以为自己身上充满奇形异迹，他会仅仅因为听说某种性格是好的，就不加分析地把这种好性格强加给自己，乃至深信不疑。我愿意在这里提供一个大致不差的标准：在优秀性格领域，凡是自认为不具备或相差甚远的，

常常未必如此；自认为拥有此种性格的，同样未必如此。在负面性格领域，判断的依据不妨正好颠倒过来。以之判断某人是否坚强，虽不中，亦不远。

坚强到底仅仅是一层釉彩，还是货真价实的本质，需要我们参考一些因素，再摒弃一些因素。可参考的如：他是否富含同情心，他是否具备一定的幽默感（幽默是一种神奇的意志，可以使人一面具有强大的抗打击能力，一面又保持对生活的敏锐），他是否具有相当的生活自理能力，等等。可摒弃的如：他是否非常在乎他人的评价，他是否行为刻板，中规中矩，他是否最容不得他人开玩笑，等等。

判断一个人是否坚强，不以眼泪为标准，当然也不排除眼泪。前提是，你得对那把眼泪有所审视，不会因为某人自称“含泪”或以“男儿有泪不轻弹”为标榜，就轻易改变看法。

奸诈

◇ 人类历史上充满戏剧性的人祸，始作俑者多半都可以追溯到某位奸诈者的喃喃自语，仗剑作法。

奸诈是虚伪家族的成员之一，但不是普通成员，而是酋长或大祭司。

如果虚伪还不失为名利场上防身的短剑，奸诈就是权力场上用以猎获人头的三尖两刃刀。如果虚伪尚局限在见机行事、见风使舵的领域，奸诈的目标就要远大得多，它渴望主动出击，煽风点火，指鹿为马，重新洗牌。虚伪有可能出于某种不得已，奸诈则不是，奸诈是无端杀出一条血路。我们应该对奸诈者的进取意识和冒险精神有足够的估计，奸诈天生是富有攻击性的。人类历史上充满戏剧性的人祸，始作俑者多半都可以追溯到某位奸诈者的喃喃自语，仗剑作法。

若姑且放弃善恶观，站在价值中立的立场上，或不妨站在“丛林规则”一边，则我们立刻就会发现，奸诈者个个都是旷世奇才。

奸诈是一种非常极端的性格，该种性格一经形成，通常也就意味着人际间的寻常善恶，已经被他不在话下地踩在脚下了。所以，我所谓的“姑且放弃善恶观”，也是出于无奈。既然我们的评论对象根本就不认同该种价值，既然被我们珍为生命的善恶观在他那里只是一种筹码，一种仅仅用以操纵他人良知的心理工具，我们当然没必要犯傻，强行与他在人格领域较真。奸诈是注重技艺的，奸诈者的人生哲学是一种战争哲学，所以他会理所当然地倡导并实行“诡道”理论。

一个普通的混蛋，尚没有资格进入奸诈者的圣殿。比如，一个杀人犯有可能还算尊重母亲，一个小流氓也可能钟情一位姑娘，真正的奸诈者可没有这种情感顾虑。所以，奸诈者甚至有可能具有圣徒般的超脱情怀，除了自己的目标，他不承认别种价值，人类所有用以审美或提升精神境界的玩意儿，在他眼里一概沦为挡道的羁绊。联想到尼采的超人学说曾经被希特勒误解并加以利用，我们也就不难想到，奸诈，严格地说也属于某种超人情感。该情感体现在，他的立身行事不会被寻常的人际关系所左右。寻常的人际关系和情感只是被他利用的工具，而非用来限制言行的桎梏。奸诈者长着一双攫取的手，虽然这双手看上去未必可怕，不，它可能非常细软白净。奸诈是复仇者，是攻击者，是偷猎者。

反过来我们也能想到，只有为了成就非凡的功业或满足惊世的贪婪，一个人才可能变得奸诈。只有足够强烈的情感，或足够致命的诱惑，才能促使他全身心地投身于奸诈艺术之中。据我所知，如此巨大的吸引力，只有滔天的权力欲才有条件具备。西班牙文艺复兴时期的大画家委拉斯开兹曾画有一幅杰作《教皇英诺森三世》，也许堪称“奸诈”最理想的标本。感兴趣的读者可以设法找来欣赏一下，你看到的既是作为一种邪恶性格的奸诈，也是作为一种人际艺术的奸诈。

奸诈是一股为恶的力量，昂扬着魔头般的进取心，裹挟着一股决不善罢甘休的非凡意志。我想，一个善良的人若不得不与奸诈者周旋角力，实属一大不幸。而且我们不敢想象那位好人会有何胜机，尤其在具体的战术上。一般说来，一位不够奸诈的独裁者、毒枭或赌场上的大庄家，几乎是不可想象的。

在角色分工上，虚伪者多半由下属充任，有时仅仅满足于在不该笑的时候笑上几声，不该哭的时候抽泣几下。奸诈的使命可要豪迈多了，他举止中的成分非常复杂，简直就像一块电脑芯片，谁也不清楚它集成了多少元素。奸诈者通常身居上位，本身携带着可观的权势。我们也许更应把奸诈视为“狡猾”之一种，既然与狡猾挂上了钩，通过这个词的偏旁，我们也能感知到奸诈者的兽性因素。

矫情

◇ 矫情之可憎可厌，正在于那位“矫爷”试图展现的情感，与他实际拥有的情感，隔着万水千山。

一种精神化妆品，主料是虚伪，辅料是激情，再由虚荣提炼合成。化妆过度，易形成不治之症。轻则扭歪嘴脸，重则扭曲灵魂，遂使自己的原初性格走上不归路。

矫情的出发点颇可圈点，它体现了对美好人生的向往和追求，区别在于，它不十分讲究工艺，做工较为毛糙，试图一蹴而就地与追求物取得形貌上的整合。我们知道现代竞技运动倡导的“更快更高更强”原则，有一个极大的副作用，就是易使那些肌肉强健的运动员，最终成为伤痕累累的病夫。这是因为他们为了提高运动成绩而采用的训练方法，即使不使用类固醇类药物，也有反自然之嫌，从摄生长寿的角度观察，运动家得享高龄者，反而寥若晨星。同样，矫情者由于总是激烈地展示自己原本缺乏或远未培育成熟的珍奇情感，强迫自己的眼睛拿大顶，强迫自己的嘴唇倒栽葱，强迫自己的心灵玩高台跳水，长此以往，便可能对自然状态下的情感体验无比陌生。一个从来不按牌理出牌的家伙，会从原则上否认牌理存在，一个拒绝体验自然情感的名士高人，会本能地倾向于无视自然情感的价值。就像弗洛伊德认定性欲的升华可带来创造一样，他大概也认为高尚是卑鄙的升华方式。

距离生成美，也生成丑。矫情之可憎可厌，正在于那位“矫爷”试图展现的情感，与他实际拥有的情感，隔着万水千山。显然，我们并不讨厌猴子，只要它不在人前玩弄深沉。对一头恶狼我们也未必有多少成见，只要它别在头上裹一条外婆的红纱巾。矫情属于情感或人格领域的剽窃，其祸害程度也并不在靠剽窃起家的大学教授之下。

由于矫情——我说过——体现了对美好人生的向往和追求，所以矫情的出现，带有相当程度的必然性，人们总是一不留神就矫情起来。矫情的家族也洋洋洒洒，子嗣兴旺，不可能被穷尽。几乎所有值得肯定的情感或对象，都有可能成为矫情的绝佳对象，就像几乎所有可能畅销的文本，都会成为盗版者的目标一样。这是因为人心天然具有某种演员错觉，我可以把它概括为如下原则：再现等于拥有。

应该注意区分两种矫情，一种是可以理解的，不妨付诸一笑的，或甚至值得鼓励的；另一种是需要预防的，值得警惕的，或必须接受批评和拷问的。小女孩为了可爱些而整天在微博、微信里上传卖萌照，小男孩为了沉稳些而向“酷哥”矫情，或大姑娘为了成熟些而向“性感”矫情，小伙子为了潇洒些而向“痞子”矫情，均无伤大雅。相反，江湖术士为了一己私利而向“大宗师”矫情，潦倒政客为了膨胀野心而向“帝王”矫情，或卑贱文人为了赢得尊崇而向“文化”矫情，下流戏子为了霸占传媒而向“风流”矫情，都应该引起足够的关注和警惕。因为，前者的矫情只在私人空间进行,后者的矫情则擅长向公共领域渗透,就威力而言,那是手榴弹与核弹头的区别。

后一种矫情的可怕之处在于,它是虚伪的高级阶段,带着艺术的面具,其巨大的欺骗性,来自做工精致的隐蔽性,就像魔术师事先精心设计好的道具一样,一旦大众落入圈套,他会立刻升格为“人头马”般的半仙怪物,一路高歌猛进。这类矫情大师擅长将情感的马达开足,要么激越无比,要么深沉透顶,要么伤感至极,要么正义到家,它往往具有显而易见的感染力。它窃取的情感就像阴谋家窃取的皇诏一样,在我们这个实践理性很不发达的民族,它会轻易地颠覆人心,以文化的名义指桑骂槐,以激扬文字的方式颠倒春秋。当此之际,矫情已不限于情感领域了,因为它还顺手牵羊地窃取了不应得的权力。

嫉妒

◇ 我以为嫉妒之于人的情感就像放屁之于人的身体，虽然讨厌，但未必无益。

有一个俏皮的说法：“有一种性格，有的人都自认为没有，那是嫉妒；还有一种性格，没有的人却都自认为有，那是幽默。”我愿意结合自己的实际行动，挑战该说法的权威性：我宁可承认自己没有幽默感，也不敢否认自身的嫉妒心。

据我看来，不承认自己的嫉妒心，一旦较真，那就等于否认了自己作为人的基本资格。而缺乏幽默感却没有这种危险，只不过有点乏味罢了。何况，幽默不是魔术师手中的戏法，不可能说它有就有，说它没有就连个影儿都不见。再则，自认为有幽默感，很可能恰恰成了幽默感缺乏的最佳证明。曾在央视“实话实说”栏目看到一位著名笑星充任嘉宾，当一位老太指责他缺少接受批评的风度、幽默感不够充沛时，他那张圆润的红脸当即变成一根黄瓜，十分钟后还不忘旧话重提，那咕哝在喉结后面的意思是：“老太婆你可瞅仔细了，连我都不算幽默，你还是到医院瞧瞧大夫吧。”

嫉妒，说穿了，本是人类最常见、最实在的性格。有了它固然不见得能标榜一下子，没了它倒未必舒心顺意。

在“猜忌”条中，我已捎带着对嫉妒作了些评论。但这是不够的，奥地利心理学家赫·舍克为了研究嫉妒，甚至写出一本厚厚的学术专著。坦白地说，自从20年前读过赫·舍克的《嫉妒论》，我已学会对嫉妒看开一点儿了，对自己不时冒出的嫉妒心，也习惯于等闲视之，甚至，将它理解成鱼缸里的热带鱼，一种观赏性情感。附带一提，弗兰西斯·培根对于嫉妒曾有过精当的见解，关于嫉妒的近距原则，阐述尤其深刻。如你所知，比尔·盖茨打一个喷嚏的时间赚到的钱，也许超过我在电脑前的30年耕耘，拳王泰森一次拳赛的出场费（且不说他还给揍趴下了），可以支付大约30位诺贝尔文学奖获得者的奖金，但我对此从来没有一丁点儿感受，内心全无波澜。然而我的邻居今天居然中大奖了，虽然我们邻里关系不错，我也从不买彩票，但我能按捺住内心的嫉妒吗？不能，于是我向他表示了最热烈的祝贺。你当然知道，《魔鬼辞典》的作者安·比尔斯早就以他特有的刻薄告诉我们，“祝贺”只是“一种有礼貌的嫉妒”。

我以为，嫉妒是上帝内置于我们心灵里的一个平衡器，用于调整我们的情绪。该平衡器翘向一端时，我们感受到了嫉妒；翘向另一端时，我们感受到了得意。嫉妒与得意都容易使人忘形，但因得意而忘形时，我们浑然不觉，一片舒畅，好像刚喝了一坛美酒；因嫉妒而失态时，我们浑身冒刺，处处不自在，好像刚捅了一下马蜂窝。两者的关系还体现在，我们得意之时，很可能就是另一个家伙嫉妒之日，反过来也成立，我们此时此刻的嫉妒，通常也成全了某位老兄的得意。嫉妒之产生，在于我们内心的平衡器，并非始终能够咬住自然人世的齿轮。所以，嫉妒是我们无法摆脱的情感，人是命中注定要嫉妒的，时而嫉妒他人，时而被他人嫉妒。

事实上嫉妒的坏处常常是被夸大的，这是因为我们天生瞧不惯嫉妒的嘴脸，就像我们瞧不惯蛇蝎一样，但真正被蛇蝎咬上一口的人，则少而又少。打个粗俗而未必不恰当的比方，我以为嫉妒之于人的情感就像放屁之于人的身体，虽然讨厌，但未必无益。据我所知，在社交场合不小心放了一屁后还能泰然处之的人，并不多见，多么有修养的大人先生，也可能被一个屁弄得灰头土脸。互联网上曾流传过一组照片，记录了美国国务卿克林顿·希拉里在公开场所放屁后的尴尬样。同样，学会如何与嫉妒相安无事，也是一个漫长的人生课题。人一旦对嫉妒抱着看轻的态度，他往往立刻就会发现，阳光依旧明媚，人间依旧美好。

嫉妒，只要不升格为猜忌，危害性就非常有限。而来自情人的嫉妒，不必说，永远意味着爱情。

江湖

◇ 江湖气的本质，即，一种利己的现实主义。

江湖，是用来混的。混迹者多了，草木含秋，人鬼相杂，山林哗变为绿林，市井演化成江湖。当江湖有了自己的规矩，呼吸其间者，便难免沾上种种江湖气，就像野地里的孢子遇上潮湿环境，就会疯长成蘑菇。

江湖气貌似我们国民性的一部分，我却不敢认为，人体内存在一种名叫江湖气的性格基因。盛行江湖气的民族并不多见，直到今天，一些国人与欧美人士打交道时，还会习焉不察地凭借着在国内官场上混得惯熟的那一套江湖路数，试图通过拉关系、套近乎的方式，诱使对方在公共事务上放弃原则，入吾彀中。结果我们都听说了，基本上是屡战屡败。而这类招数，当年的清廷代表耆英在与英军代表璞鼎查谈判时，就完整使用过了，众所周知，也全面地失败了。这足以说明，在我等身上顽固存在着的各种江湖习性，原非“人同此心”的人之常情。在民主国家向公务员行贿，哪怕递上一根烟，都可能把事情办砸。而在国内，那原是最起码的玩法。递支烟不算什么，如果你连递支烟都没学会，你就没法混了。

是的，江湖气的核心，专在一个“混”字。为何“混”呢？通俗说法叫“混口饭吃”。这句话，不仅底层百姓会说，也常出自衣食无忧的大佬。细想想，大佬未必说谎，他虽已腰缠万贯，但未必具有高于“一口饭”的生命理想，他只不过把“饭”的标准大幅提高了而已，比如，坐头等舱才算吃了顿午饭，坐经济舱只能算成喝了一口地沟油。这句话的流行，足以说明江湖气的本质，即，一种利己的现实主义。

诚然，“路见不平，拔刀相助”之类行为，也历来被我们视为江湖好汉的作风。但实事求是地说，这种情况并不常见，它主要栖息在文学作品及人们的美好想象里，较少落实在具体生活中。如你所知，水浒好汉都是被逼上梁山的，按那部中国最有名的好汉小说的叙事逻辑，倘若世道不那么凶险，宋江们的饭碗没人来砸，水泊梁山就不会有好汉出没。再早些时日的陈胜、吴广揭竿而起，也是这个逻辑。“今亡亦死，举大计亦死，等死，死国可乎？”可见，好汉愿意“死国”，前提是“横竖是个死”。如能不死，当然就混下去再说。

在江湖上混饭的人多了，就得有江湖规矩。这规矩，显然不是为了实现人生抱负、体现伟大理想，而仅仅是为了让大家都能有口饭吃。江湖规矩中不乏可圈可点、值得弘扬的内容，比如讲诚信、重友情、提倡互帮互助等等，不过试将这些东西还原，它们仍然落实在“利己的现实主义”上。不讲诚信的后果，不是有违良知，而是无从在江湖上立足，从而导致饭碗不保。重友情和乐于助人，也与“在家靠父母，出门靠朋友”、“在家千日好，出门一时难”的现实考量有关，所以，哪怕“为朋友两肋插刀”，初衷也只是体现“与人方便，自己方便”的处世哲学。至于“打人莫打脸”之类江湖口诀，内在精神未必着落在那个“善”字上。一句“出来混，迟早要还的”警告，一声“人在江湖，身不由己”的感叹，道尽了此中的酸甜苦辣。

既然“身不由己”地托命江湖，一个充满江湖气的人，充其量只能体现审美人生。江湖气与现代社会倡导的公民素质，本质上并不合拍。在江湖社会，一个人哪怕混成了一条龙，性质上也只是“混江龙”。试以蒋介石为例，他已经贵为民国大总统了，但青年时代在上海滩上混熟的那身江湖心法，硬是像胎记一样戳在身上，终身不退。胡适曾当面指责他让雷震下狱，乃是钳制言论自由。他对胡适的回复，活脱脱暴露出一个江湖中人的性格底色。他不是正面回应胡适批评里涉及的政府责任和民主公义，而是把话题一岔，转而问胡适：“去年某某回来，我对他谈起，‘胡先生同我向来是感情很好的，但是这两年来，胡先生好像只相信雷震，不相信我们政府。某某对你说过没有？’”——瞧，这就是江湖气的典型症状，在他眼里，即使具有普世性的人文价值，也无一不可还原成江湖规矩。

矜持

◇ 矜持经常与犹豫、猜忌和自信心缺乏等心理做伴，并充任它们的保护色。

智性对眼耳鼻舌身的占领，当该占领停留在计划阶段，我们看到的是“拘谨”，停留在实施阶段，我们看到的是“狐疑”，一旦占领成功，我们看到的便是矜持。矜持与迟钝的区别，在于矜持中有智性介入，迟钝中却只有迟钝。于是，矜持成了某种有意味的迟钝，如果我们一定要说它迟钝的话。

该意味通常指向身份感。一个对自己身份非常警觉，同时又远没有应付裕如的人，最容易表现出矜持。套用心理学的行话，这里存在着一种角色紧张，沿用我个人偏爱的说法，这是人的自然状态被人的文明状态治住后的反应。矜持表现为反应的延迟，而延迟所要求的空间，恰好用来容纳发愣。矜持者原本也许都是感官发达之辈，唯其发达，唯其经常不听大脑的使唤，才要求大脑挺身而出，实施干预，以免自己的行为过于出格或丢人现眼而让人瞧出破绽。矜持者就像被强制要求倒背着手坐在教室里一声不吭的小学生，我们当然不能认为，倒背着手乃是孩子的自然爱好。

矜持往往发生在身份、地位突然改变（通常是升迁）之后，而不是之前。在生活中我们经常看到，一个本来可以一起逛商场吃盒饭说浑话打扑克的伙伴，因为一次任命，见面时突然让人浑身不痛快起来，具体地说，就是怎么看都觉得别扭。他的微笑后面似乎藏着一道审视，抿紧的嘴唇后面说不定也挤压着两排格格打战的牙齿。他声音乍高乍低，语速忽疾忽缓，情绪旋起旋落，他发出的咳嗽都让人觉得不是地方。看来他也迅速意识到了这一点，于是，他的脸又放了下来。一个标准的矜持者，仿佛脸上挂着一道窗帘，流露出的真实表情，绝不比皮影戏里的木偶更多。

当然，这里的身份不完全指社会身份，也可能仅仅来自自我认定，一个老是喜欢以某种级别的人物自居、同时又自信心不足的家伙，同样会表现出矜持。他以为只有借助矜持才能确保自己虚构的身份感得到成立，殊不知这种类型的矜持，有一个糟糕透顶的害处，那就是他永远无望完成角色过渡。这样，他有可能始终维持美好的自我错觉，同时又碌碌无为。

请不要在背后过多地说他坏话，如指责他假正经，他是无奈的、可怜的，他正身不由己地陷入对新身份的摸索之中。由于对突然面临的处境、地位感觉陌生，不知如何是好，甚至有点不知所措，于是，矜持成了一种万安之计，可以确保在自己想通或作决定之前不至露馅。对付束手无策的最佳方案，难道不正是干脆束起双手吗？避免搔首弄姿的理想途径，难道不正是煞有介事地摆出一副倨傲姿态吗？茨威格小说《象棋的故事》里那位以暴发户方式成为世界冠军的岑托维奇，就是实施该种万安之计的行家，他展示出的端架子、假正经行为，莫不在掩饰自己对新角色的张皇失措。在个别情况下，一些貌似狂傲放浪的举止，也可能是另一种矜持，比如，他也许想通过外表的张狂掩饰内心的不安和不确定感。

矜持经常与犹豫、猜忌和自信心缺乏等心理做伴，并充任它们的保护色。相反，自视甚高者几乎不可能矜持，不管他的地位如何变化。他也许会扬扬自得或捶胸号哭，但决不会矜持。“自视甚高”作为一种情态不管如何让人瞧不惯，在他自己，毕竟是一种自然情态。

暴发户的狂傲，其实是另一种意义上的矜持。因为内心还清晰贮存着早年破落户的记忆，家族血液里并没有足敷调用的显贵气质加以支撑，一旦横财飞来，也立刻会显得呆头呆脑。矜持是卑贱者试图走向高贵时必然要登临的一道心理之坎，矜持严格地说是一种社会性格，杂糅着失败和成功。

归纳一下，矜持是一种过渡性性格，类似一道工艺上的底漆。当一个人获得的身份地位已然超过自己的能力，同时又对该身份特别在乎，矜持就会如期显现。拘谨有一定的先天性，而矜持者一旦从心理上胜任了全新的名分地位，矜持即告消失，他回复了本来性格。拘谨不分男女老幼，矜持则往往体现在准成功人士身上。他的一本正经不是做给别人看的，他的矫揉造作不具备展览性，完全是个人心理图像的反射。这是矜持与拘谨的相似之处，也是与做作、矫情的最大区别。

谨慎

◇ 为了制造“沉着”的假象，隐瞒“怯懦”的实情，修饰“败退”的真相，一个人最可能拾掇出一副“谨慎”的风采。

这是魔鬼和驾驶员的首要品行，我们也能在大型猫科动物中发现此类性格特征。这些动物凶狠残忍，缺乏想象力，往往在准确掂量了对方的块头大小，精确测定了有效攻击距离之后，才骤然发难。结果，虽然可以用“不打无准备之仗”来自我标榜，多半却与猎物失之交臂，只能在一边“咻咻”地舔着舌头。狮子虽为丛林之王，多半却是饿死的。当然，原因不全在“谨慎”上，也与懒惰有关。

“谨慎”的褒义词身份是可疑的，较之“沉着”它显得进取心不足，较之“怯懦”它又过于世故，或者说，为了制造“沉着”的假象，隐瞒“怯懦”的实情，修饰“败退”的真相，一个人最可能拾掇出一副“谨慎”的风采。遇事疑字当头，行动退字为先，做计划讲究万全之策，以至懒得计较世上是否真有所谓“万全之策”。谨慎者不仅善于将谨慎看成优点，还会变本加厉地把它看成唯一优点。比如，谨慎者总喜欢将输棋归结为不够谨慎而不是技不如人，哪怕自己耗用的时间比对方多出一倍。另一方面我们又看到，当一位棋手因盘面领先而满脑子想着如何确保优势时，十之六七意味着他要开始下臭棋了。喜欢围棋的朋友都知道，因优势意识过浓而葬送的好局，实在数不胜数。确切地说，好局是被“谨慎”葬送掉的。而韩国人一度在棋界所向披靡，我发现与他们很少树立优势意识有关，即使胜势不可动摇，他们仍积极进取，追求每一手棋的最大效率，仿佛自己正落后十目。——我已经多次不自觉地用围棋作譬了，这是因为，我们很难找到一个公平的方式，用以检验不同性格间的优劣，而围棋恰好能提供一个比较平台，棋盘本是不同性格的角力场，而高段棋手的输赢，十之八九与性格有关。

谨慎，介乎褒贬之间，经常成为一座容器，用来安置怯懦，收容犹疑，抚慰失败，拦截挫折。

就人的天性而言，本不容易养成谨慎的性格。比如，我们大多没有眼福看到一个以“谨慎”著称的儿童，这是因为儿童的天性处于向上发展的通道上，他热切的大脑里充满幻想。虽然他不可能有多少成功经验，但足以让人牢牢吸取的惨痛教训，暂时也谈不上。所以，奋发进取，就成了年轻人的神圣权利。同样，一位事业有成的企业家，也未必需要谨慎的效劳，这是因为谨慎固然有可能帮助他规避风险，却也可能使他丧失稍纵即逝之机。他知道名利场本是竞技场，“谨慎”充其量是一种保本策略，而非赢家战略。谨慎是专注防守的，欲事业有成，则需要采取更昂扬些的姿态。

于是，谨慎主要成了一种老年品质。遇到中年谨慎者，我们只能说他气质上提早进入了老年期。一个谨慎的君王，多半意味着猜忌和无能。

没有一个大人物是靠谨慎成就功业的，虽然当大业已成，原先沉着进取的帝王也可能谨慎起来。一个谨慎的统帅通常不会打什么胜仗，我国最著名的例子是由诸葛亮提供的。此人一生谨慎，从不敢冒险行事，为此他除了欺负一下没有多少文化的南方蛮人（如“七擒孟获”），几乎没有打过一场胜仗。他的胜仗都是小说家罗贯中代他打的。讽刺的是，虽然诸葛亮原以缺乏将才著称（《陈寿《三国志·诸葛亮传》里虽然对诸葛亮大加赞美，但仍承认“应变将略，非其所长”），到头来他反而被忽悠成了智慧的象征。法国人在二战前夕一味退缩，盲目信守“谨慎”大法，最终被希特勒的军队迅速击溃。有人概括道：“过度谨慎达到某种程度后，它本身会变成一种极度的危险。”这话对诸葛亮也适用。

谨慎的人魅力无多，在人际交往中多半受到冷落，这反而迫使他更加谨慎从事。我一直弄不懂世上到底有哪门子事是需要仰仗“谨慎”这尊大神的，我还是谨慎地避免自己变得谨慎吧，因为，谨慎会使你除了谨慎外一无所有，也就是，成为一个性格上的难民。当然，如果我需要找一名牢靠的管家，我会首先在有一把年纪的谨慎者中去找寻。在这个位置上，隶属于“谨慎”的每一个性格颗粒，都会闪闪发光。

狷介

◇ 因为狷介者自有一套异于常人的评判标准，而且他认为只有这套评判标准，才是唯一合理的标准。至于这个标准是否得到他人赞同，他不加萦怀。臧否由人，走路在我，斯可窥狷介者的独立风范。

一种罕见性格，如以血型作譬，“狷介”型在人群中大概只有百万分之一的比例。样品既如此稀少，我不敢吹嘘不会看走眼，好在当代中国有过一个极佳样品，可供我随时参验复核，那就是钱钟书先生。钱钟书尝言：“人谓我狂，不知我之实狷。”有此一语助阵，我可壮胆对狷介来一番打量。

的确，狷介最易被眼力差劲者视为轻狂，打个冒失比喻，该差劲程度相当于庸医将艾滋病患者误诊为感冒。如遇到轻狂意欲冒充狷介的个案，则刚才用过的比喻又可翻个身再用一回，那就相当于感冒者自以为得了艾滋病。例子举得不伦不类，除了表明本人拟喻能力稀松而外，还想说明如下两点：一，狷介本属中性性格，本身并不具备如“沉着”、“坚强”之类性格所天赋的褒义，犯不着哄抢。二，真正的狷介者必然是一位强者，甚至智者，所以我不必担心“艾滋病”的比喻会让他恼火。

轻狂，如果所指确实，那么被指认者通常还得兼戴一戴“无知”的帽子。轻狂必出于无知，达尔文说：“无知要比知识更容易产生自信。”无知再加轻狂，难免处处矫揉造作。狷介者虽也难免无知，但那种无知更接近苏格拉底的境界，亦即世界上最让人不敢小觑的无知。在最低层次上，狷介与轻狂也有这样一个区别：轻狂者好招摇生事，喜欢把自己虚假不实的特立独行之举尽情向他人播送。狷介者却没有此类心情，事实上人们常常是在碰了钉子之后，才恍然意识到对方是那么狷介。如果你不曾用不识趣的问题去打扰他，你就意识不到他的狷介。轻狂具有表演性，狷介更讲究内敛、收缩。再打个更冒失的比喻：轻狂者如一只中华绒毛蟹，双螯怒张，八爪横行，狷介者则仿佛一只默守龟息大法的中华鳖，稳若磐石，静若古潭，只要你不去招惹它，就永远不必担心被咬上一口。

眼力稍好者，同样可能错认了狷介，常见的如把狷介视为一种耿直。两者大致区别有：狷介门户森严，出入者几乎尽为大学问家、大能人，耿直则如江湖上的丐帮，门户松弛，可以笑纳三教九流，四袋、三袋乃至末袋弟子也不妨出没其中。两者形态上还有一个明显不同：狷介者自视极高，洁身自好，擅长以青白眼之道待人，耿直者则格外擅长打抱不平。狷介者如一柄寒气森森的宝剑，耿直者如一把红绸飘飘的朴刀。说狷介者绝无可能为朋友两肋插刀，当然不是对狷介进行指责，就像我们说老虎喜欢独往独来，既不是颂扬它的个人英雄主义精神，也不是指责它缺乏集体主义精神，而仅仅是说明一个事实而已。据说，钱钟书遇到有人向他借钱，不问缘由，总是采取减半奉送法。如向他借 5000 元，则说奉送 2500 元，不必还了。如借 2500 元，奉送额自然减半成 1250 元，不必还了。瞧，这正是典型的狷介招法，你既可以说他冷酷，也可以说他充满爱心。不管你怎么评价，他都不会介意，因为狷介者自有一套异于常人的评判标准，而且他认为只有这套评判标准，才是唯一合理的标准。至于这个标准是否得到他人赞同，他不加萦怀。臧否由人，走路在我，斯可窥狷介者的独立风范。

所以，狷介者永远依照自己的原则行事。问题是他那套原则与世人奉行的原则，兼容性极差，以至我们甚至不敢肯定，他的标准到底大大地高于我们，还是远远地低于我们。狷介是狂的极致，以至超越了庞大的狂妄家族，可以单独立项了。

对狷介者，我倾向于在现实生活中离他远点，免得自讨没趣，在精神生活中离他近点，免得错失乐趣。以钱钟书或叔本华（我认为他也是一位狷介者）为例，我这种策略无疑较为对头，也非常实惠。

夸张

◇ 大多数情况下的夸张，就像摄影机一样，也许只是视点不同导致的感觉歧异。

觉得某人性格夸张，原因是多方面的，我们的推断，由于客观系数太低，往往极不牢靠。

如果我是个平庸之辈（实际也是如此），面对一位特立独行之士，就可能觉得他处处夸张，虽然对方的所作所为，无非是响应心灵的召唤而已。不同民族、不同传统的人彼此打量，也常会因文化眼晕之故而觉得对方行为夸张。以爱情的体温而言，中国人理解的爱情，也许以 37.2 度为适宜，法国人却强调必须按 37.8 度起算，充满拉丁血液的南美人则断然认为，37.2 度已经是离婚的体温了，37.8 度也只不过是黄昏恋的水准，成年人的爱情体温，只有达到 38.6 度，才算初步成立。——可见，这里的夸张只是感觉上的，它反映出不同民族的爱情温差，而未必意味着对方的性格出了岔子。

人们在表达友情、敬意或哀悼之情时，常会下意识地扩张情感规模，搞大行为方式，以起到升华自身形象，安抚对方心灵的作用。此时的夸张，只是权宜之计，属于生命场中偶一为之的戏剧性策略，未必标示出人们的真实性格。夸张有利他利己之分，具有利他性的夸张，常常出自喜剧人格，伴随幽默情境，类似性格上的修辞法，目的在于调剂人际关系，滋润人间情感。老师对学生提出的问题加以赞扬，即有此效。出于利己欲的夸张，则较易成为阴险的面具，权谋的帮手。市井小贩以所谓“跳楼价”欺诈顾客时，就常会实施此类夸张，脸部表情瞬息万变，肢体语言呼天抢地，竭尽诚恳之能事。利他性的夸张也许是不自觉的，利己性的夸张，因动机明确之故，当然有可能手法精妙。这也是蓄意作伪的基本特征。

但大多数情况下的夸张，就像摄影机一样，也许只是视点不同导致的感觉歧异。有太多的因素可以左右我们的“夸张观”，我们对夸张的评价经常忽高忽低而无一定之规。一位不服老的老人做出种种卖弄青春的言行，不仅让人觉得夸张，还让人觉得可敬，因为我们认可了他夸张的方向。相反，一位三十大几的妇人因为拒绝长大而不断以“女孩”自称，就难以容纳敬意了。由于夸张者犯了方向性错误，遂使看客浑身起鸡皮疙瘩。

鉴于夸张的相对性太强，极难一概而论，所以我决定言归歪传，谈谈目前青年人中盛行的时代性夸张。

我们都知道，羊群里出现一头狼，固然危险，但也能最大限度地保障羊群健康。为了生存，它们显然必须让自己更矫健。我发现，在今天城市孩子的成长环境里，明显缺乏这样一头狼。中国家长的共识是：只要孩子把书读好，把大学考上，那么，他们可以做牛做马。结果，就孩子这一方面来说，由于他们总体上不愁吃穿，无需劳动，他们与生存本能相对的那一部分情感，就可能因找不到合适的目标而变得错乱。除了书包的沉重再没有别种沉重，除了升学的压力再没有别种压力，痴心的父母擅自全权代理了他们作为自然生命的其他感受，他们被有意无意地视为某种升学机器。于是，他们被扭曲的生命体验，只能以慌不择路的方式，四处奔散，夺路而逃。

在一代青年人身上，经常体现出某种不成体统的夸张，那是复苏的人性对自身机械性的反抗。这反抗，在我们这类多少吃过点苦的家伙看来，常常是既悲壮又搞笑的。因为吃过点苦，所以我等对于不同层次、不同规模的人间磨难，较可能握有一把尺子，不至于动辄呼天抢地或欢天喜地。他们呢？因为生命经验被剥夺太过，导致身心感受仿佛集体被降了一个档次，不同水平、层次的事件，在他们幼稚的心灵里常常七颠八倒，反映在我们这些过来人眼里，就体现为一种时代性的夸张。为了脸上一点“小痘痘”，他们会奢侈地流露出悲伤的表情，一点在我们看来属于“羽量级”的快乐（比如得到一位球星的亲笔签名），他们就可能毫不吝惜地挥霍欢乐，那份狂喜的劲儿，只有范进中举才可以媲美。我刚从电视上看到的一则手机广告，也很有说服力。一位青年人因为使用了一个具有录音装置、可以随时下载铃声的手机（就这点屁大的事），便在飞机场上做出了一个也许意味着“酷毙”、“帅呆”的姿势，脸上那副幸福劲儿，让我目瞪口呆。——虽然那是属于广告的夸张，但也多少折射了世态。我们还不时听到，有人竟然会为了一只新款 iPhone 手机而做出犯罪之举（有人还为之捐肾），让人哭笑不得。

面对这种夸张，我往往不知所措。

冷酷

◇ 虽然“冷酷”包含了感情淡漠的意味，但一个仅仅淡漠情感的人，人们又不会说他冷酷。

有两种冷酷，一为天性冷酷，一为扮相冷酷。天性冷酷者，扮相未必冷酷，扮相冷酷者，肯定与冷酷无缘，“冷酷”只是他近来特别爱穿的一件米色风衣罢了，类似冷战电影中克格勃或CIA特工爱穿的那种。

众所周知，后者缘于一个词“酷”（cool）的流行。说起来这个词本不该迟至今日才流行，人类（尤其是女性）对“酷”相的审美源远流长，且有足够的事实依据。这依据是，男人对假小子的女人通常不抱恶感，法国女作家乔治·桑当年以一身男子劲装周旋于上流社会，居然还能迷倒包括肖邦在内的一大批才子绅士，即为一例。而女人最深恶痛绝的男人，莫过于阳刚气不足的“娘娘腔”了。冷酷由于与“娘娘腔”保持着最为辽阔的形象间距，人们的眼光只要稍一打闪，就会从中瞧出“酷”来。20世纪80年代初期，中国都市女性曾经对日本硬派影星高仓健推崇备至，视为男子汉的理想标本（作为对照，则是对中国某些美男子影星爱理不理，贬为“奶油小生”）。追究起来，高仓健为了显示隐忍风度而在拍照时故意将一截针线咬在嘴里的举动，实在也不无装酷嫌疑。何况，该表情还是从好莱坞硬派小生西尔维斯特·史泰龙那里学来的，史泰龙在一部初出茅庐的电影里，曾经整天把一根火柴棍咬在嘴里，以彰显酷态。

我们还是别去纠缠“酷”了，在我的兴趣范围内，“酷”属于时尚范畴，与性格无关。

回头再说冷酷。需要注意的是，虽然“冷酷”包含了感情淡漠的意味，但一个仅仅淡漠情感的人，人们又不会说他冷酷，对这种生活中司空见惯的家伙（比如热爱麻将、足球、彩票更甚于热爱妻女的男人），人们特地预备了另一个词汇：乏味。这表明，冷酷一词潜伏着积极的行动。冷酷不是奥勃洛莫夫式的懒汉，或一个拒绝出手帮助他人的闲民，而是一个恐怖集团首领，一个心狠手辣的政客，一个行走江湖的游侠。冷酷天生与小民百姓无缘，人们会提到杀手或律师的冷酷，却不会把这个词用在普通小职员头上，除非他干出伤天害理的事，比如用浓硫酸泼一头黑熊。这里就有了某种不公平或职业歧视，因为换一个角度，一位因为热心从政而不回家的丈夫和一个因为迷恋电脑游戏而不再搭理妻子的小男人，从妻子的感受来看并无不同。原来，“冷酷”一词中竟然还包含了社会性偏见，一种针对强人的人格歧视。既然有此偏见作祟，我们在使用“冷酷”时就得慎之又慎，别让偏见模糊了双眼。冷酷与冷漠的区别在于，冷酷者往往只对一件事情抱有激情，他目标明确，善于排除干扰，直奔主题。这说明，冷酷者也可能是热情似火的，那些信奉“兄弟如手足，妻子如衣服”的家伙，就是如此。至于冷漠，则可能万千乏味集于一身，他的身心永远位于高纬度的寒带，对人间温情一概生出过敏反应。

需要指出的是，人们特别喜欢将某些性格或某种能力加在某种类型的人身上，比如将“吝啬鬼”加在富翁身上，将酒量惊人加在诗人身上。我们在承认富翁大多吝啬这个事实之前，也不妨反躬自问：自己是否特别愿意相信这一点？自己的内心是否本就缺乏视富翁为慷慨之士的心理机制？我们也有义务反问，是否只有将取得重大社会性成功的家伙贬为“冷酷”，我们的心才会好受些？——我当然不是为冷酷者辩护，不，我只是觉得在这方面反思一下，更有意义。人类对冷酷的认识，实在有着出自本能的功利色彩。比如，若拒绝双重标准，不妨说我们可爱的大诗人李白，实在也冷酷得可以。这位诗人少小离家，老大不回，抛妻别子，耻谈风月，颠沛漂泊四十载，竟然没有留下什么桃色新闻。在孟浩然、杜甫乃至汪伦的眼睛里，李白固然是一位热情如火的朋友，但他的妻女会怎么看呢？你说他到底算“酷”还是“冷酷”？

莽撞

◇ 情感热烈、缺少科学素养和直觉能力的人，容易成为莽撞者。

一种黑熊般的性格，像黑熊一样颟顸，像黑熊一样善良，像黑熊一样冷不丁把你顶翻在地，其本身却又像黑熊一样不易受伤。即使你被踹得鲜血淋漓，也不必怀疑他居心不良，没见他正龇着牙朝你憨笑吗？

每个小男孩（甚至小女孩）都多少有点莽撞，非得到了所谓青春期，才会收敛些。随着小痘痘的出现，他们突然不那么咋咋呼呼了，他们偷偷摸摸地打电话，神出鬼没地记日记，莫名其妙就脸红，说句笑话就走人，简而言之，他们不那么莽撞了，他们从莽撞的小窠里振翅飞去，各自培养别种性格去了，其中大多数人也许再也不会重归旧巢。这说明，莽撞乃是一种未经约束、拒绝成长的性格，若斟酌张飞、李逵和猪八戒三位老兄的嘴脸（这是中国文学史上最具不朽价值的三位莽撞者），我们应当能把莽撞看得更真切一些。

莽撞是标准的热血动物，指导他立身行事的原则，往往取决于血脉的流动或酒精的作用，他既不在乎理论，甚至也不在乎经验。比如，他不介意鱼里藏有鱼刺，习惯于将卡喉扼脖之事看成偶然和最后一次，即使酒量不逮，三杯就倒，他仍然坚信这一次会发生奇迹，可以连饮十八杯不醉。他才不信什么“诗有别才，酒有别肠”呢，既然历史不会完全重复，世上甚至都没有两片相同的树叶，那些扬言有鉴往知今之效的人生经验又顶个屁用？莽撞者急于响应生活中每一个此时此刻，他的时间感只有当前，空间感只有此地，然而说他是及时行乐主义者，又的确过分了。关键是那个“主义”，莽撞者是“主义”的大敌。莽撞者的心理感受趋于两极，他不知道什么叫“稍微”、“有一点”、“见好就收”、“得理饶人”，他要么大笑，要么崩溃，他的生命体验像一辆法拉利赛车，具有极佳的加速性能，从百无聊赖到热火朝天，可以抬脚就到。莽撞者注重自身的实时感受，但他一点也不自恋，莽撞者忽略他人的感受，但也显然不是与人过不去。莽撞者极易动怒却一点也不记仇，极易动容却一点也不记恩。所以对于非莽撞者来说，最愚蠢的事莫过于记他的仇，报他的恩。

情感热烈、缺少科学素养和直觉能力的人，容易成为莽撞者。一个人成为莽撞者，往往是因为他只有这一条路可走，他的身体状况和心智构造没有为他提供向别处发展的途径。考虑到莽撞者必然会因莽撞而在人生道路上迭遭不幸，他品尝的失败和人生教训，理论上也多于他人，然而他依旧以所谓“青春无悔”的态势在这条生命窄道上一往无前，我们只能将此看成宿命。好在正如冷静常常成为罪犯的德行，莽撞则是一股为善的驱动力，莽撞者对人间的危害，也许不及冷静者的百分之一，莽撞与卑鄙的距离至少也有十万光年。莽撞者付出的人生代价是使生命钝化，但他也受益于这份钝化，那种常常让冷静者夜半打战的焦虑和不安感，对他陌生得就像女人的痛经一样——如果他是男人的话。不易怀疑莽撞者的真诚，因此，莽撞的求爱常常胜过数十封文辞缠绵的情书。莽撞者最可能成为你的好朋友，只是，他把心交给你的时候，咱可别把命赔上。

附带提一下，“莽撞”与“粗豪”不同，“莽撞”是一种天性，“粗豪”则越来越成了一种显示先锋色彩的外观包装，无论他剃光脑袋还是留一头金毛狮王的长发，都不等于他的心思没有头发丝来得细。

矛盾

◇ 我们每个人的心灵里，都有一座规模不等的巴士底狱，都关押着若干囚徒。天下没有绝对无法越狱的牢房，我们忠于职守的态度又各自不同，只要有一名心灵囚徒越狱了，人就立刻变得矛盾了。

当我们说某人性格矛盾时，言外之意不该是：世上还有性格统一的人。

我们每个人都是人性的集大成者，我们也许学不来马克思的气概，说什么“人间的一切学问我都不陌生”，但我们的确不妨壮着胆嘟囔一声：人间的一切性格我都不陌生。上帝造人，除了极个别不幸者外，基本上给我们所有人配备了相同的肢体装备，谁也没有多出一只眼睛，一条胳膊。依此法猜测上帝的居心，他老人家想必也不至于在七情六欲方面缺斤短两，对别人大撒银子，对俺则尽量克扣。我以为，将上帝看成唯美主义者，是我们作为一介凡人应履行的礼节应尽的义务，所以我从不认为世上有我绝对无法理解的情感。这一点我认为咱们不分彼此，所以尽可彼此彼此。但话说回来，上帝据说又并非劳模的典范，众所周知他还格外喜欢休息，甚至赋予安息日以神圣的名义。据此我们又可以大胆猜测了，即他老人家固然像分配眼耳鼻舌那样给予了我们各自应得的人类情感，但在分配具体数量的时候，他懒惰的习性又发作了，结果，就像并不是所有人都有健美冠军那么漂亮的大腿一样，人类的性格也呈现出各种不同的风貌。

出于对造物主的礼貌，我还必须认为，他不会对“单调”有什么特殊好感。

我们体现出的性格倾向，只是数量占优的那一部分，我们不曾体现出的性格，只是不曾觉察的那一部分，它因数量上处于劣势而遭到潜抑，但是，它依旧存在。就是说，所谓忠贞之士，只是一个成功地把淫邪之念打入心灵冷宫的人，淫邪之于他，类似地牢里的死囚；而一个放荡之徒，则不妨是一个将忠诚之情放飞天外的家伙，忠诚之于它，类似断线的风筝。我们每个人的心灵里，都有一座规模不等的巴士底狱，都关押着若干囚徒。天下没有绝对无法越狱的牢房，我们忠于职守的态度又各自不同，只要有一名心灵囚徒越狱了，人就立刻变得矛盾了。性格的矛盾是人的天性，性格的统一则是自我约束的结果。而那些总是让人觉得特别矛盾的人，无非是在自我约束上过于放任而已，他们玩忽职守，意志薄弱，凡见可欲，听任自己的心灵囚犯大肆暴动。而那些性格特别统一的人，往往也只是在人前表现得特别统一罢了，统一是高度自律的结果。这样的人，梦境往往格外躁动。不必说，那些白日里反复无常的家伙，却有着最为恬然的睡相。这是心灵的平衡机制起作用的结果。

人性的两难在于，作为文明人，我们希望每个人的性格都能保持稳定；作为自然人，我们又下意识地倾慕那些至情至性的人。什么叫至情至性？按禅宗的理念，无非是想吃就吃，想睡就睡，想撒就撒，想死就死，若不理会这类玩意儿，我们又会轻易地发现，世间的孩子，在未受到强力约束之前，不都是这样的吗？一会儿哭一会儿笑，哭笑之间转换极速，且几乎没有理由。

我们难以容忍他人的性格无常，除了恼怒于该性格的不可捉摸，还与我们受到的艺术——主要是文学，文学中主要是小说——培育有关。因为，说到对性格的了解，我们除了参照自身阅历，阅读文学作品也是一个重要途径。

受文学艺术——尤其是擅长塑造典型性格的传统文学——的影响，人们对于性格常会不自觉地形成一些偏见。在文学作品中，性格大多有一条逻辑曲线，这是因为艺术作品有她独特的审美原则，而所有的审美原则都可以被归结为某种经济原则。艺术作品固然有帮助我们认识世界、认识人类的功能，但也有自我成全的功能，而且这两项功能并非总能友好合作。出于前者，作家会不遗余力地将自己对人物的理解和盘托出，在性格领域争奇夸智。出于后者，亦即为了使作品本身能够成立，他又不得不将复杂的人性做节约化处理，被迫满足于将一个个五味杂陈的人物，表现为一座座一眼可辨的性格标本。遗憾的是，没有一个人可以真正成为这样的标本。所有那些被概括为某种性格典型的人物——懒惰的奥勃莫洛夫、懒散的“多余人”罗亭、慵懒的“局外人”莫尔索等等——多少都是被简化的产物，可以相信，他们的生活原型一定更丰富些。

孟浪

◇ 孟浪，确切地说是鲁莽的艺术化，它借鉴了鲁莽中的率真成分，剥离了艺术家生涯中的散漫习性，遂生成一股合力，以便全速向潇洒挺进。

人们惯常以为，职业相同者，性格也相差无几，所以，依据职业判断性格，历来为人热衷。这大概有三方面原因。首先，个性相似者选择职业时有可能走到一起；其次，职业的特殊性也可能重塑从业者的个性，使得本行业的员工性格上逐渐趋同；第三，有些职业要求从业者统一着装，在外表上保持一致，如护士、厨师、法官，这也可能给人们的判断带来误导。综合上述三项，再加上思维上的惰性，人们一般也就愿意轻信，大凡职业相同者，性格多半相同。比如，人们很难想象一位胖厨师的忧郁，或一位丢三落四的律师。

回头再说孟浪。确切地说我并不十分清楚其真实含义，我只是临时借用一下，用来命名一种通常出现在青年艺术家身上的性格表征。注意，只是表征。通过多年来与这类艺术家打交道——本人年轻时也曾混迹其中——我意识到，职业还可能诱惑从业者展示某种性格，即使自己完全不具备这种性格，也不妨碍他把它们展示出来，就像一位持身严谨的演员出色演活了一个小痞子一样。

总的说来，那些试图在艺术领域施展身手的都市青年，在他们崭露头角之前（也可能终身未露），常会自觉不自觉地形成一种强烈倾向，希望自己的发型、穿着，能够给自己的艺术家身份颁发资格准入证，仿佛光头是潇洒的名片，长衫是才华的签证，络腮胡子是愤世嫉俗的标志。于是，他们成了孟浪族。他们选择孟浪方式，本意是想证明自己与众不同，但由于大家心往一处想，劲往一处攒，结果，标新立异的方式竟转成为某种统一的着装方式，以致人们见到一位胡子拉碴的，就判断他可能是位导演，见到一位长发郎，就八九不离十地猜出他是美术学院的学生。一个原指望着照亮世界的大光脑壳，到头来突然堕落成了一套制服，世事就是这般让人难堪。

孟浪，确切地说是鲁莽的艺术化，它借鉴了鲁莽中的率真成分，剥离了艺术家生涯中的散漫习性，遂生成一股合力，以便全速向潇洒挺进。如此，所谓“鲁莽的艺术化”也就同时等于鲁莽的虚假化，艺术的鲁莽化。

我有一个发现，读者朋友可以在生活中自行检验，即中国那些形象上非常孟浪的艺术家，说起话来往往格外细声细气，个别的甚至奶声奶气。当然细想也不奇怪，一个渴望成就艺术家生涯的人，大抵具有感受细腻的特点，胡子即使根根直立，也不妨碍其情感丝绸般光滑。所以，预备役艺术家决意在外表上走粗豪路线，理论上也有两难之处，具体执行起来，也可能成为一步险招。众所周知，中国人与欧美人在人体特征上的主要差异，并非隆鼻深目，正在于体毛的多寡丰歉。与欧美人比较，中国人毛色不丰，那么，一定要在这方面较劲，不免有扬短避长之嫌。虽然文明人有修养的标志之一就是，永远不要对别人的衣着打扮评头论足，但我看到街上少男少女纷纷把头发染成金黄，不免多操一份闲心，觉得这份追求过于悲壮，几乎是在一条不可能有胜算的道路上一往无前。欧美人的发色，只有与欧美人的肤色体态结合在一起，才能相得益彰，一旦与我们原本属于东亚蒙古种的身体发肤结合起来，至少截止到目前的大众审美观，还没法觉得美观。当然，这不关我的事，我只是瞎操心而已。再说，美本来也没有标准，有时，美的存在，仅仅取决于有人自以为从中看到了美。在美感领域信奉的不是存在决定意识，而是意识决定存在。

中国艺术家与西方人比毛的现象由来已久，据章克标先生《文坛登龙术》介绍，早在上世纪 20 年代，上海滩上的青年画家，就流行攀比长发了。据说现在一些非洲妇女，也流行与白种女人比试肤色白皙，我大感悲壮之余，难免也会想：这种心理，是否无意中打上了第三世界的思维烙印？孟浪一旦沦为机械模仿，便无气质可言。

腼腆

◇ 腼腆决定不了一个人的命运，它属于青春期，也仅仅位于青春期。再腼腆的少女，成家之后往往也不再腼腆了，或即使她仍然动不动就脸红心跳，也较难被别人承认为腼腆。

好事意外来临时，情感猝不及防，从而殃及脸色、手心和肺腑。于是，脸红了，手心出汗了，酥胸鹿撞了。腼腆的展示者主要是少男少女，不过有迹象显示，现在它已成为一种古典情感。此外，让人意识到的腼腆总要少于实际存在过的腼腆。

解释如下：

一、不是所有好事都会引起腼腆的，比如得到一笔钱，金额再大也不会导致两腮绯红。腼腆特指那些富于情感价值的好事，同时，腼腆者还对这种好事缺少把握，吃不准。大家都知道，腼腆是一种青春期的情感，隐含一股芬芳的性意味，有此情感的人，内心常会伴有某种无法控制的开放感。腼腆者陶醉于这股芬芳之中，却不清楚它是正是邪，算好算坏，于是，只能由着腮帮子红去了，由着手掌心湿去了，由着胸脯蛮不讲理地一起一伏了。

二、关于古典。今天的孩子生理发育早，心理发育更早，在自己从“性”的角度还处于“里外不是人”阶段时，就已早早地通过网络影视报刊等大众媒体、私媒体，熟知了人间男女的种种因果和招法，准备期非常充分，理论上也有充分时间进行各种排练（实际上可能也真就排练了），这样当好事来临时，当事者往往已没有了猝不及防之感，充其量嘀咕一句：“嗨，这事还真来了，露一手去。”我们知道，“娱乐至死”的好莱坞积数十年之功，早已向当代女性传递了如下精神：只要男人流露出与你接吻的要求，你得在第一时间情绪热烈，声音缠绵；当男人脱你上衣，你得学会速度更快地扒下对方的裤衩，并不由分说地哼哼起来。——不管好莱坞的做法是否符合人性特征，反正，这种暗藏着男性狡黠的影视套路，极度不利于腼腆之情继续存活。

三、为什么说“让人意识到的腼腆总要少于实际存在过的腼腆”，这有两个原因。第一，虽然性格通常与相貌无关，但要想把腼腆传递给他人，容貌的姣好、肤色的白皙也不可或缺。丑陋的容貌会使观者无视腼腆的存在，黝黑的面容也会对腮帮子的红润起到抑制作用。第二，虽然腼腆之情通常并不会让旁观者不快，看到别人面露腼腆，大多数人还会觉得心情愉快，但腼腆者一般又不愿积极配合，总是想方设法地掩饰此类情感。这样，有些人总会掩饰得较为成功，青年人总体上又比少女更擅长掩饰。再说，有些腼腆是单独发生的，少女收到一封情书，总会躲到某个无人偷窥的地方。她在那儿（公园、校园一角、卧室或洗手间）一个人脸蛋儿红个不休，胸口跳个不止，旁人如何知道呢？——但话说回来，现在还有人写情书吗？今天的少女接到一段情感表白，十有八九是一段转自网络的段子，也可能是一个现成视频。这就是科技的煞风景处。

腼腆极有观赏价值，它总会让成年人在一边意味深长地暗笑。惜乎腼腆者正越来越少，硕果仅存的个别腼腆者，又不具备对腼腆的审美能力，好像那是件出丑的事。

腼腆是否算得一种性格，我不无犹疑。赫拉克利特说“一个人的性格就是他的命运”，但看来得把腼腆排除在外。腼腆决定不了一个人的命运，它属于青春期，也仅仅位于青春期。再腼腆的少女，成家之后往往也不再腼腆了，或即使她仍然动不动就脸红心跳，也较难被别人承认为腼腆。人们会说她小家子气，没见过世面。至于大男人动辄脸红，更是一件无人喝彩的难堪事了，审美特征不仅荡然无存，病理特征倒可能渐渐显现。简单地说，过了青春期，如果腼腆还在，亦已不复当年。它转化了，人们更愿意在内向、孤僻、自闭、神经过敏等概念中给它重新定位。转化的程度——恕我冒昧——相当于由蝌蚪转化为蛤蟆。

面 子

◇ 面子与尊严的区别是，面子非得通过与他人比较才谈得上，尊严则不以他人是否认可、欣赏为前提，有尊严的人，做到无愧于心，于愿已足。

对中国人来说，除了最低限度的“饮食男女”，剩下的主要人生课题，就是争夺面子了。

南朝诗人谢灵运曾说：“天下才有一石，曹子建独占八斗，我得一斗，天下共分一斗。”这说法中的有趣与胡闹成分，可谓半斤八两。胡闹之处在于，谢灵运将天下之才视为一种常数而不是一种变量，而且，他把才华的比例分割得过于机械。依他之见，生于曹植之后、谢灵运之前的诗人陶渊明，将面临与天下人哄抢区区一斗才华的窘境，这是我等决计不能同意的。不过，今天我却想提出一个“天下面子共有一石”的说法，但愿我能把它说得略增几分道理，稍减几分胡闹。

“一石”当然是个比喻，目的在于顺水推舟地得出如下结论：历史上看，我们曾有过一个“天下面子才有一石，皇帝独占八斗，公卿大臣得一斗，万千小民共分一斗”的悲惨时期。同时，我还想说明，“面子”

大致上倒是一个常数。我的意见是：面子不同于财富，它不会随着人们的竞相掠夺而增值；面子也不同于石油，不会随着大肆开采而日趋稀少；面子当然更不是阳光，不会慷慨地普照世人。

假如面子等同于财富，按说，中国人如此热衷于面子，他们应该个个活得体面风光才是。实情却令人沮丧，这是因为面子是有限的，具有亘古不变的稀缺性，我们乐此不疲的面子战，只是对有限的面子资源进行对自己最为有利的瓜分和资产重组而已。“面子才有一石”的现实决定了我们每多得一份面子，总有人失去了相应份额。上海方言中有“扎台型”一语，说的就是如何在面子大战中先声夺人、力压他人一头。与之对应的词叫“坍招势”。每一次成功的“扎台型”，都是以另一个倒霉蛋“坍招势”为代价的，简而言之，这是一种零和博弈。

明白了面子是一个常数，深谙中国式人情世故的家伙，生活中就不会欺人太甚，就会时刻留意“给别人一个台阶”，也就可能洞悉“与人方便，自己方便”中的玄机。中国人性喜争夺面子，结果却并没有给自己带来多少面子，究其实，盖因面子经不起肆意掠夺。既然大家都视面子为尊严的口粮，大家又都得靠这点拮据口粮过日子，明智做法当然是力戒贪婪，不去抢占过多份额。已有的面子也不宜长期霸占，面子最好的方式就是让它流通。面子流通与金钱流通不同，面子不会从流通中升值，却可能因为流通之故，让面子无多的小民偶尔也能分享一二，就像太阳在地球上东升西落，阳光总量虽未增长，光线的依次流转却能使某些采光条件不甚好的“寒窗”也能漏进几缕阳光。鉴于面子往往是一种感觉，带有虚幻性，所以，给他人面子有时也像开空头支票一样，自己所费不多，却得到较好回报，这也是古语“惠而不费”之意。给别人面子，相当程度上就是给自己面子。不给别人面子，你也许“扎足了台型”，却在他人心里播种了敌意和秋后算账的潜在危险。不过，面子流通过度，也可能造成灾难性后果。中国不少农村盛行送礼，大量生计寒素的农户都被名目繁多、不胜其烦的人情债压垮了。由于大家争相谋求自己的体面，所谋求的体面又超出了能力范围，结果，“面子才有一石”的自然限额再次发挥作用，众败俱伤成了唯一结局。面子和钱不同，钱主要靠自己挣，不能靠别人给；面子反之，主要靠别人给，不能靠自己挣。这里，挣等于争，一旦落入哄抢面子的地步，面子也就不辞而别。

面子与尊严的区别是，面子非得通过与他人比较才谈得上，尊严则不以他人是否认可、欣赏为前提，有尊严的人，做到无愧于心，于愿已足；好面子的人，根本不知道啥叫“无愧于心”，凡是不能令他人刮目相看的举动，在他眼里都毫无意义。举例来说，好面子的人外出旅游时，无论眼前山水多么美丽，如果他无法让人知道那地方的来头，山水在他眼里就会沦为一个猪圈。面子和尊严只具有皮相的相似，这份相似，最终会使得面子的追逐者忘却尊严。

“面子才有一石”，尊严就像才华，却是没有定额的。一个民族讲究尊严的人越多，这个民族有尊严的人也就越多，一旦获得了尊严，那从未刻意追求过的面子倒可能不期而至，不请自来，其源不匮，滔滔不竭。

懦弱

◇ 信仰坚定的人不是懦弱者，修养出众者则未必。

懦弱不是胆小，所以与胆气无关，与身形无关，与性别无关，与年龄无关。比方说希特勒胆子极小，据说见人杀一只鸡都会吓出一身冷汗，但希特勒显然不是懦弱之辈。这是两码事，它们只是非常容易被人混为一谈罢了。

懦弱是意志上的缺陷，它可以出现在一个瘦女子、瘦诗人身上，也可能出现在一条壮汉身上，我甚至不敢断言，何者的出现概率更高一些。狗族中最凶恶的狼狗，对主人的忠诚品质却最可称道；天不怕地不怕的好汉恶棍，往往最容易在主子面前两腿打战。理由很简单，小流氓型的“勇敢”是必须仰仗外力的，多少有点狗仗人势，而非从心底里自发涌出，一旦外援断绝，就可能软成一团。这也是人们推崇孤胆英雄的道理。在懦弱家族中，除了泛泛的意志薄弱者，或许还包括十恶不赦的暴徒，杀人不眨眼的刽子手，丧尽天良的碎尸犯。因为，一种过分的勇敢，动力系统也可能源自懦弱，所谓“一不做二不休”，经常就出现在惊慌失措之际，脑子里茫然一片之时，下手也就不问好歹，几近禽兽了。

懦弱与胆小的区别还在于，胆小由于和体质相关，所以多体现为某种一眼可见的外在行迹（某人怕蛇不怕虎，某人怕虎不怕蛇），懦弱由于和意志相关，隐藏较深，故外在符号不那么一目了然。此外，懦弱还是一个与文明相关的概念，牵涉人的经历、学养和修养。一个没有多少文化的自然人，不可能在死神面前处变不惊，遇到意外变故，也可能比谁都更容易大呼小叫。“泰山崩于前而不惊”原是长期自我修炼的结果，而非出自天性。死亡是一门人生课程，有人学得很好，不待死亡来到就早早领到毕业证书；有人学得不好，有人甚至都没有接触过。这方面的学习成绩，最容易在意志领域得到体现，表现为有人坚强，有人懦弱，有人时而坚强时而懦弱。斯多葛派哲人擅长预习死亡，面对死神，他们照样饮酒赋诗，发表临终演说。顺着这个话头往下说，我们也会发现，意志往往与人的信念（或信仰）有关，一个没有信念、信仰的人，最容易成为意志薄弱者。花天酒地、醉生梦死是懦弱的常见表现方式；绝对的怀疑主义，是懦弱的隐蔽方式。怀疑主义有两种，一种指否定一切真理的存在，质疑一切求真的努力；另一种则是坚定地对一切重要信念持批判地审查的态度，它不失为现代公民的一个宝贵素质。与懦弱相关的怀疑主义是前者。

信仰坚定的人不是懦弱者，修养出众者则未必。当一个人表示想明智地处理问题时，他有可能已经被人看出懦弱来了，“明智”在这里只是懦弱的挡箭牌而已。过于激动也会导致懦弱，美国现代舞大师伊莎朵拉·邓肯少女时想初尝禁果，谁知那个浑小子被她明艳灿烂的胴体震呆了，落荒而逃，致使小邓肯很是不快。懦弱者一般有着超出必要的自知之明，他既不认为冒犯是一种德行，也就排除了接受挑战的人格意义。懦弱者未必自感懦弱，那倒是强者偶一为之的心态。懦弱者往往不知坚强为何物，只有坚强的人，才能真正洞悉懦弱三昧，才会对自己的一时懦弱怀惭不已。

中国文化不适宜培养强悍心灵，看看“文化大革命”时期那么多人不约而同地放弃自身的人格尊严，向极权和蛮性势力投诚，我们除了唏嘘感叹世道的残忍，还应从文化传统中更进一解。新中国成立后境遇最惨、骨头最硬的胡风先生，内心的臣服意识，亦泯然众人。作为中国人，我们也许有义务从民族性的角度对懦弱作进一步的探讨。对应于懦弱的坚强，需要一种坚定的意志作保障，他即使不具备“反对派的思想体系”（俄国作家索尔仁尼琴的说法），也应该在精神上独树一帜。一个心中有一面旗帜在招展的人，一个听命于内心使命感的人，必然与懦弱无缘。

虔诚

◇ 虔诚是一种宗教性格，就其理想形态而言，应是与现实功利脱钩的性格或行动，它理应有着通灵的属性。真正的虔诚，当能洗涤心灵，净化情感，提升境界。它的奉献是精神性的，索取亦当止于精神。

中国人的性格矿产是非常全面的，有位女士读了我的“刁滑”后，曾判定我拣了一个便宜。她的意思是，“刁滑”并非具有普适意义的性格，平均分布于世界民族之林中。若让一位瑞典作家谈论刁滑，他就可能一片茫然。而中国的刁滑资源非常丰富，一些国人耍起小刁小坏，灵便程度不亚于使用筷子。对此我尽管“心有戚戚焉”，却也不敢否认自己确实沾了身为中国人的光。不过我立刻发现，世上没有白捡的便宜，当我此刻试图进入“虔诚”的性格版图时，我意识到，还债的日子到了。

虔诚，正是大中华性格矿产中极度稀缺的品种。中国人之昧于虔诚，正与瑞典人昧于刁滑同。

我曾在去某佛教名山游玩的山路上，见到非常感人的老太，凡行三步，必全身卧倒，做出标准的磕头动作，方始前进，真是三步一坎坷，一跪九莲花。对这位老太的虔诚，我只能本着最大的善意去估量，虽然，这位老太究竟因何迈此苦步，她的精神世界如何，文化水准咋样，我一概不知。再说，我撰此小书，无意惊扰世上的苦行僧。我承认并尊重他们的存在，同时也承认自己对此兴趣寡然。我的评论兴趣不出市井里巷，评论对象围绕寻常百姓。正是在寻常百姓那里，我发现，虔诚要么没有，即有，也是姿态的意义大于实质，世俗的功利百倍于精神的追求。

中国人在世俗领域中的务实倾向，是非常突出的。中国人做出的种种貌似虔诚的行为，背后多有现实的利益或来世的果报支撑着。比如，一个从来不信佛教、对大乘小乘之别都茫无所知的母亲，在儿子考大学之前，就可能去庙里烧香捐钱，三跪九叩，行出种种既如临大敌又莫名其妙的大礼。外人不察，单看她跪拜的姿势和脸上的表情，还可能以为她是世上最虔诚的女人，谁知她为了增加保险系数，增大利润空间，出门后又到太上老君的像前如此这般地跪拜起来。在中国民间，观音娘娘配享的香火历来最盛，但换个角度看，我们也可说，观音娘娘在中国受到的侮辱最大。什么样的烂事馊事坏事，包括麻将的手气，阳具的力度，都可以到她那里去祈求，把个外貌玉洁冰清的菩萨作践得不成样子。观音娘娘若果真“有求必应”，她不成了世上最大的贪官昏君？最浪荡的妓女？——不觉想起黄庭坚的诗句:“设欲真见观世音,金沙滩头马郎妇。”该“马郎妇”,据说正是“施一切人淫”的观音菩萨,一名“锁骨菩萨”。——我纵属无神论者，也看不下去。

虔诚是一种宗教性格，就其理想形态而言，应与现实功利脱钩的性格或行动，它理应有着通灵的属性。我们敬仰某师某人，自觉自愿地恭行某种仪式，履践某种生活方式，当非出于物物交换的目的，而是在精神上别有寄托。真正的虔诚，当能洗涤心灵，净化情感，提升境界。它的作用在此，亦限于此，逾此辄成僭越。虔诚未必要备齐猪头三牲，行太牢大礼，它的奉献是精神性的，索取亦当止于精神。

然而在中国，宗教意义上的虔诚很少见，我们习惯上最能接受的，只是比喻意义上的虔诚，如说某人具有一种艺术的虔诚。我们见得最多的，则是以虔诚之道对待不必虔诚之物。一张张充满虔诚的脸，同时却在干着亵渎的勾当，这在中国是完全可能的。我亲眼见过父丧不奔的家伙，理由是什么呢？原来他所在单位正面临人事变动，自己那顶小乌纱帽有可能瞬间易手，出于对权势或官阶的虔诚，他只能把老派的孝道搁置不管了。

套用西方学者术语，虔诚者是一神教的，而如中国人之类具有随机信仰的人，则是泛神教、多神教，属于位列下乘的“偶像崇拜者”，礼敬对象永远随偶像的变化而变化。不过，我也没有在自己身上发现虔诚之物，也许对文字有那么点，但也是比喻意义上的。

谦虚

◇ “谦虚”是一种最能悦人耳目的虚伪，它在生成机制上就不可能使人进步，只可能使旁观者退步。

一种人见人爱的性格，却经不起推敲，像一片美丽的浮云，只要一缚熹微晨光，就能把它击穿。

如果我们承认“谦虚”是一种美德，就得冒这样的风险，让“诚实”接受质疑，否则，即有实行双重标准之嫌。因为，只要对“谦虚”稍加打量就会发现，该“美德”是与“诚实”为敌的，在这方面，它甚至不如“自负”来得诚实。“自负”，撇开字面和观感上的不适，应指对已经取得的成就或自以为具备的长处痛快承认，由于承认得痛快，再加这份痛快里有着某种让别人腮帮子生疼的东西，所以易遭攻击。“谦虚”走的道正相反，它用一种忸怩作态的言行来面对自己的成就，也就是说，在明知自己已经做得够棒或有可能比别人更棒时，采取一种无视事实的推诿态度，要么不断垂首搔耳作“哪里哪里”状，要么在顶头上司面前一个劲地现“岂敢岂敢”相，将自己的荣誉当成糖果，向领导、同事或某位八竿子打不着边的领袖、英雄大肆分发。事实上我们发现，让别人的虚荣心得到满足，乃是塑造谦虚形象的必由之路。

显然，只有在高贵或有力者采取自我贬抑态度时，我们才会说他是“谦虚”的，丐帮兄弟或“引车卖浆者流”不管在你眼前如何低三下四，低声下气，你也不会说他是在“谦虚”，相反，你可能管那叫“奴性”。这表明，与其说“谦虚”是一种美德，不如把它还原成一种有利可图的世故。以此为观察点，十个“谦虚”者中会不会有一个真正具备所谓“谦虚”的美德，便无比可疑。一旦他觉得“谦虚”有点碍手碍脚时（如处长面对科长、长辈面对小辈之时），他曾经令人称道的“谦虚”，很可能刹那间连个影儿都找不见了。所谓“一阔脸就变”，原因部分在此。其实“变脸”是必然的，甚至不能说是“变”，因为原来那副脸未必是他的真脸，当你觉得那小子变得张狂时，他不过露出了本来面目。

可见，“谦虚”的出发点就是逆诚实而动，以便向社会权势和人际关系投诚献媚。“谦虚”作为一种品质十之八九出自被迫，他多半是因为怕被领导指责为“狂妄”才不得不长期压抑自我，长期赔着笑脸的，其中习惯成自然者，最有可能博得“谦虚”美名。在这个意义上，一个特多“谦虚”者的社会，反而不值得多加肯定，它表明了那股相反势力的强大。如果让我重新下一个定义，我要说，“谦虚”是一种最能悦人耳目的虚伪，它在生成机制上就不可能使人进步，只可能使旁观者退步。一个强迫大家都得端出一副谦虚尊容的社会，不必说，肯定是因为这个社会有着一大批既没出息又气量狭小的家伙，而且这帮家伙很可能还是你的领导、长辈。所以，叔本华告诫道：“谦虚是美德——这一句话是蠢人的一项聪明的发明；因为根据这一说法每个人都要把自己说成像一个傻瓜似的，这就巧妙地把所有人都拉到同一个水平线上。这样做的结果就是在这世界上，似乎除了傻瓜之外，再没别样的人了。”

我发现，当我们说某人具备何种性格时，着眼点往往不是站在被评论者的立场上，而是一屁股坐在自己的私人好恶上。不仅“谦虚”如此，不少性格都有类似可疑的出发点，这也是促使我斗胆重新探讨各类性格的原初动机。比如在生活中，我偶尔也会被人看成谦虚，当他客气地说我某篇文章写得不坏时，如果我答一句“不敢当”，他往往就会说“你太谦虚了”。我愿意在此申明一下，本人性格中最缺乏的东西，正是此物。比如，当我说“不敢当”的时候，通常有两种情况，要么是我觉得自己本可以写得更好，要么是我知道有人（也许是个法国人）比我写得更好。所以这声“不敢当”里，绝对没有谦虚的立足之地，我只是实话实说而已。如果对方知道我内心的假想敌是谁，说不定他又立刻转口，劝我“不要太狂妄”了。说我谦虚是假，说我狂妄也未必是真。

谦虚，总的说来是这样一种怪物：它让别人看上去顺眼，让自己瞧自己别扭。

实际上，谦虚只在一种情况下是有用的，即试图说服别人时，本杰明·富兰克林善于此道，他在自传中说：“在提出任何可能有争议的问题时，我从不使用‘当然’、‘毫无疑问’或其他类似表达肯定语气的字眼；而会说，‘我以为或按我的理解，这个问题是这样的’，‘在我看来好像是或者我想应该是如何如何的，因为什么什么原因’，或者‘我想象它是这样的’，或者‘如果我没弄错的话，它是这样的’等。”这套措词极大地成就了富兰克林，但富兰克林真的很谦虚吗？不，他自己也说：“我不敢自夸从实质上养成了这种品德，但表面看起来，我确是谦虚了不少。”哦，原来只是“表面看起来”。

勤奋

◇ 勤奋源自执着，执着来自信念。勤奋的人，必然是快乐的。如此勤奋的人，必然是快乐的；如此快乐的人，必然不认为自己是勤奋的。

曾经，人们都喜欢引用老托尔斯泰（一说是爱迪生）的格言：“天才是百分之九十九的勤奋加百分之一的灵感。”我自以为能理解托翁的本意，但就这句话本身，再没有比它更荒谬的了。我估摸托翁的本意，无非是本着一颗俄罗斯人的善良灵魂，试图向潜在的对手或读者表明：我没什么了不起，我只是比你更勤奋一些而已。我们的鲁迅先生出于善意，说过差不多意思的话，尽管结合鲁迅的日记，发现他的表白未尽属实。鲁迅先生咖啡馆固然不常去，饭馆、电影院倒是经常光顾的，而且排场通常不能算小，挥霍的时间也不能算短。

托翁格言的不正确之处在于，它隐瞒了一个重要事实：勤奋较之灵感，是一种更加难得的天赋。说得具体些，一个人偶尔获得一点创作灵感，不是件多大的难事（再笨的人也会说句俏皮话，一只停摆的钟，一天也能正确两回），倒是让自己持之以恒地进入创作状态，困难百倍不止。

欲写作一部《战争与和平》，灵感没有多大用处，勤奋才至关重要。何况，创造心理学的实情是，灵感不太容易催生勤奋，勤奋倒可能成为灵感的助产士。通常，一个越能体验创作艰辛的人，越容易下笔生花。

但凡伟大的人，无不或多或少地具有一种名叫“勤奋”的天赋，该天赋是一切其他天赋的前提。人们的失败，往往不是智商太低或缺乏灵感，而仅仅是因为，他就是勤奋不起来。勤奋是变态家族中最伟大的一种——不必说，文明社会的标志之一是，越来越习惯于将种种变态视为常态，以至“变态”完全不作为贬义词。勤奋是一种最接近升华的变态，每一名真正意义上的勤奋者，都是当代社会的苦行僧，只是没有那身打扮而已，且不会敲你的门，向你乞讨一碗稀粥。

生命是尊奉快乐原则的，我们在动物界中知道的勤奋例子，都是由工蜂或蚂蚁之类小玩意儿提供的，在灵长类动物中，罕有听闻。丛林之王狮子，最为人知晓的性格，恰恰是懒惰成性。我想，有尊严的人类应该不好意思拿自己与蚂蚁进行比较，何况，蚂蚁固然勤奋，却没有听说其干出什么了不起的成就，它的勤奋与驴子推磨有点相似，带有周而复始的特性。如果一定要与蚂蚁比较，则精神病院里那些将毛衣织了又拆、拆了又织的人，无疑更加合适。托尔斯泰的勤奋，可不能这样理解。

勤奋既然是一种天赋，那么具此天赋的人，与不具此天赋的人，都会觉得对方不可理解。我想，爱因斯坦见到中国人把海量时间消耗在麻将桌上，肯定觉得不可理喻，虽然，他也未必认为自己非常勤奋。众所周知，爱因斯坦喜欢睡觉。这附带引出勤奋者的另一个特征：凡是在别人眼里非常勤奋的人，自己往往不这么认为。除非他像精通世故又宅心仁厚的托尔斯泰那样，尽想着多给别人一点面子。

我们所说的勤奋，既然不是驴子推磨，就表明这种勤奋里，肯定有着让勤奋者心潮激荡的内涵。若试着进入勤奋者的内心，我们也许会意外地发现，世上本无苦行僧，苦行僧之苦，只是局外人的错觉。说不定，当你觉得实验室里的科学家不懂得享受之时，他同样认为麻将桌上的你，已经被麻将囚禁住了，焉有快乐可言。

勤奋源自执着，执着来自信念。信念不等于理想，因为理想与幻想有着“剪不断，理还乱”的关系，树立某种远大的理想，从来不能确保一个人成为伟大的人。如果理想更像是一种小资情调，信念则具有中产阶级的殷实。理想是想想也不坏的，信念则除非付诸实施，不然分文不值。一个有信念的人，必然会伴生成就它的渴望，于是，勤奋成了信念的最佳成就方式。为了信念而勤奋的人，必然是快乐的。

马塞尔·普鲁斯特的《追忆逝水年华》，篇幅惊人地浩瀚，这需要何等的勤奋。妙的是，我们发现其中几乎没有冗词赘句，无论整体还是局部，无一不体现出对完美事物的不懈追求。他对每个字的负责态度，依我看只有钟表大师用锉刀打磨一个个小齿轮时，才可比拟。这种勤奋，只有结合了身心的陶醉，才能理解。所以，如此勤奋的人，必然是快乐的；如此快乐的人，必然不认为自己是勤奋的。

勤劳

◇ 当我们强调某人勤劳时，极可能有意无意地忽视了他在另一些方面颇为懒惰的事实。事实是，任何人都可能具备一定的勤劳，同时在另一些地方有点散漫滑头。

中国人的勤劳，世所公认。世所公认与万众钦仰，未必可以画上等号。中国式的勤劳，大抵在“劳力”领域，而非“劳心”领域。人们提到中国式勤劳时，脑海里通常不会浮现一座思想者塑像，那在眼前交替浮现的，也许是一个迎着熹微晨光挑担外出的货郎，也许是一个光着膀子、奋力拉纤的水手，也许是一个在油灯下安详地纳鞋底的母亲，也许是一个在水稻田里无尽地弯腰劳作的农妇。如果想到一位传统书生，其意境也大抵是寒窗苦读，那个并不高傲的头颅，始终呈伏案状态，一次也没有高高昂起。

我很难想象一个具有全方位勤劳的人，即，他既具有家政工作者的素质，可以兢兢业业地清洗碗碟，又具有科学家的素质，可以在实验室里通宵达旦地从事科研工作，同时还具有哲学家的气质，能够整整三小时以老僧入定的姿态潜心思考，神游八荒。通常，当我们强调某人勤劳时，极可能有意无意地忽视了他在另一些方面颇为懒惰的事实。热衷于玩游戏的孩子，也许不爱读书；麻将桌上废寝忘食的家伙，在单位里极可能吊儿郎当；那些视写作（哪怕只是一篇例行公事的年终小结）为瘟疫的人，干起活来却非常卖力，从不偷懒。

事实是，任何人都可能具备一定的勤劳，同时在另一些地方有点散漫滑头。在他感兴趣且愿意为之付出操劳的领域，恰巧也为世人认可，他就被认为是个出色的人。反之，一旦他的兴趣与从事的职业发生错位，结果就可能是悲剧性的，如身为大学教授偏偏热衷于官场应酬，对学术活动则马虎从事。赫兹里特说："聪明的人或机灵的人，是那种不管事情是否值得做，都能做得很好的人；而伟大的人，则是只做一种事情的人，这种事一旦完成就具有极为重大的意义。"这意味着，伟大的人，在日常事务中更擅长做甩手掌柜，听凭别人料理。

即使对于自己恰巧热爱的活动，尤其是智力上的，人们也未必会以匀速方式付出热情。论创作成就，音乐界无人可与贝多芬相比，他九部交响乐，如同一座沉重的大山，把后来者压得喘不过气来。但在最为年富力强的时期，贝多芬也有整整五年无所事事。以作家为例，约翰逊博士就交替生活在勤奋与惫懒之间，当他勤奋之时，可以一个人承担数十名法兰西院士都未必胜任的工作，如编撰《英语词典》，当他意兴阑珊之际，又可以将一本原本一年即可完成的著作，一拖九年，直到"花光了订货商的钱"。——可见，对于某些天才，他们的惊世才华也需要惊人的懒散加以铺垫，只有闲到极处，他才能集聚起喷发的能量。古人云："业精于勤荒于嬉，行成于思毁于随。"话虽不错，但无"嬉"之"勤"，那份"勤奋"早晚会失去动力，所以约翰逊博士不愿错过任何上酒馆的机会。而无“随”之“思”，恐怕也会令思维之弦绷断，所以康德即使不愿出远门，也不会放弃在小城哥尼斯堡每日两次的散步习惯；笛卡尔深湛的哲学思考，有时也得借助打磨光学镜片的手工劳动作为调剂；俄国大诗人普希金创造力虽然惊人，但也有间歇期，不然，人们不会一直赞颂那个“波尔金诺的秋天”。在那个囚禁的秋天里，普希金骤然喷发出的创作能量，一举奠定了自己俄国诗歌太阳的地位。

说起来，我对那些擅长用马拉松方式从事文学活动的人，一直非常佩服。惰性之于人心，就像地心引力之于大地万物，原是人类最难克服的一种不足，有些作家竟然可以用日积月累、缓步推进的方式，逐日逐月逐年地积累成就，相当于征服了地球引力。当然，这些作家中包括不少必须为订单服务的人，如专栏作者或为报刊写连载小说的人，他们其实是通过稀释激情的方式，来完成自己的工作。他们将“波尔金诺的秋天”缓慢释放在全部人生中，为了在感触无多之时也能应付交差，他们的作品一般具有程式化、雷同化的特点，章法分明。如果这类作家中出现创造力惊人的例子，我们一般只能惊为天人了，如巴尔扎克、雨果、契诃夫和金庸先生。

孟德斯鸠在《论法的精神》里竟然认为，“怠惰是骄傲的产儿，勤劳是虚荣的结果”，令人震惊。他接着表示：“一切怠惰的民族都是庄严肃穆的；因为那些不劳动的人把自己看做是劳动的人们的统治者。”似乎表明：勤劳是劳力者的象征，怠惰是劳心者的明证。有道理吗？我只能感叹：启蒙时代的文化大师，真敢下断语。

轻浮

◇ 视生命为赏心乐事，这是轻浮者的世界观，视人间为自家后花园，这是轻浮者的理想国。他们无野心，不残忍，热爱女人，追求趣味，对一切使生命（包括精神和肉体）获得轻松感的玩意儿（如水床和接吻）都抱有纯粹的痴迷。

这个世界上宁可没有孔子、苏格拉底、蔡伦、牛顿，也不该没有轻浮者。我们知道动物——如猢狲——也可能端出一副好学深思的模样，诸如哀愁、失意、孤独、威严、慈祥等表情，也都能不在话下地一一扮演，但轻浮，千真万确，却是万千生灵中唯人类独擅的面容，一丝儿由不得别种生命胡乱客串，由此我们可见轻浮者之木秀于林，不同凡响。——谁见过一只轻浮的狼？

视生命为赏心乐事，这是轻浮者的世界观；视人间为自家后花园，这是轻浮者的理想国。他们无野心，不残忍，热爱女人，追求趣味，对一切使生命（包括精神和肉体）获得轻松感的玩意儿（如水床和接吻）都抱有纯粹的痴迷。他们骨节松松垮垮，说话沾水带露，床上花样百出，眼神阴阳失调，从来不知何为正眼瞧人，仿佛上帝在他眼睛里安了一个瞳仁，就是让它滴溜溜乱转的。在一名被这种眼神打动的女士眼里，她看到的是什么呀,完全是眼睛的魔术,动作花哨得像一名高台跳水运动员。也许就因为它那风样流转的特点，人们管这种眼神叫“眼风”。这样的眼风一旦在沙龙、客厅或某个娱乐场合里流转起来，女士们的衣袂几乎必然要被吹动起来的。然后，情爱——不一定是爱情——就像雨后的蘑菇一样，轰轰烈烈地生长出来。

爱情必始于情爱，至于情爱能否定格为爱情，则还需要别种情感、事件的通力凑趣。但这与轻浮者无关，就像下雨固然会催长蘑菇，老天爷可不是为了蘑菇才下雨的。女士的矛盾之处在于，她们爱上一位男士，也许——尽管内心不愿承认——就是被轻浮的子弹击中的缘故，而一旦被击中，她们又希望这颗子弹从此不再胡乱出膛，或仅仅只向自己的胸口射来。然而这是违背轻浮者本意的，是浪子就永不回头，是唐璜就必然四处留意，八方播情。严格地说，轻浮者只愿服务于大自然的情爱法则，而不愿屈服于人世间的婚姻规范。他对女性的爱正如我们对大自然的爱，既痴迷又超然，换句话说，他是把所有能打动自己的女人视为一个女人来看待的，爱情是他的人生使命，调情是他的行为天职，除此之外，他就顾不得那么多了。这正是他的不同凡响之处，当然也是他让人受不了的地方。所以，最好的办法看来是这样：把轻浮者像观赏鱼一样养起来，就像把詹姆斯·邦德养在电影胶片里，把唐璜养在拜伦的史诗里，把唐璜的作者养在人们的怀念里。公平地说，当某位轻浮者不再会给任何一个家庭、任何女人带来现实不快时，人们对他将抱有多大的好感呀。电视连续剧里的公子哥儿，历来最能吸引天下规矩女士的目光。只要他老老实实地待在电视机里，不来勾引我的女儿，那么我敢说，这样的公子哥儿在女性世界的魅力，甚至超过男性世界里的下凡仙女。

人类对轻浮者的鄙薄正表明了人间之有待改进，因为，一个使所有轻浮者都能得其所哉的世界，也就距天堂不远了。奥林匹斯山上不是充满打情骂俏、争风吃醋的神明吗？轻浮者，是等待点化的凡人，最有希望列入仙班。

当巴西人试图通过一项旨在减少性骚扰的法令时，最先反对的，正是那些平时总在抱怨性骚扰的年轻姑娘。这太自然了，我们知道抱怨常常是津津乐道的另一种表现方式，正如诅咒有时也是爱情的一种特殊表达。由于姑娘们不在今天便在明天难免成为花花公子的爱好者和捍卫者，这便不仅造成道德家屡败屡战的历史事实，也有助于男人们苦练口才和养成擦皮鞋、吃口香糖的良好习惯。唉，说穿了，生为人却没点轻浮样，人们在世上还晃荡个什么劲儿呢？

清高

◇ “清高”之招人嫌，不为别的，就在于他让人觉得不彻底，还没到那份儿上。

“清”和“高”是两个可敬的汉字，至少比“浊”和“矮”可敬得多，一经联手，怎么就带点贬义了呢？说不清楚，这是文字的魔术，就像将“马”和“虎”这两种健美动物组合在一起，不知怎的竟会连点马嘶虎啸都听不到，仿佛汉字突然散了架。

“自视清高”是个常用但不通的词，既然“清高”带点贬义，就不会有人以它“自视”，就像不会有人“自视卑贱”、“自视小人”。所以真实情况也许是这样：某君惯以高人面目示人，举手投足均透着股不与侪辈为伍的气概，而阁下您偏不买账，认为他的贵族气、高人气、君子气、名士气只是假正经、酸大头、装斯文、伪派头，你要戳穿他。仅仅戳穿他还嫌不够，为了加大打击力度，增加讽刺效果，最好的办法是让他自己招认。对“文化大革命”有点记忆的人会知道，当年被打成“反动学术权威”的人，批斗时脖子上常会挂块牌子，上书“×××是反动学术权威”，而不是“有人说 ××× 是反动学术权威”。将“被视为清高”转换成“自视清高”，依据的也是这个手法，即将“己所不欲”之物强加于人，只是性质、程度有所不同罢了。

再试着换一个角度：“热爱学习”与“附庸风雅”，词性组合完全相同，前为动词，后为值得肯定的名词，但味道偏偏完全两样。前者堂堂正正如正午的太阳，感觉不到一丝阴影，后者斑斑驳驳如穿林之鬼火，感觉上就浑身不舒坦。为什么无可厚非的行为，竟会引来那么激烈的反感呢？风雅不该附庸，恶俗难道就值得追捧？“清高”不宜“自视”，倒不成“大老粗”反值得自雄？

当然不是，但一个不吐不快的事实是，在我们国家，不少人对风雅（“清高”差不多是它的同义词）的仇恨，的确超过对恶俗的仇恨。由于中国文化惯以君子标准垂范立则，而君子的标准又过于苛刻高峻，对大量凡夫俗子完全不构成鞭策，长此以往，遂诱使相当一部分“有志者”把自己弄成了伪君子。群众的眼睛是雪亮的，他们做不成真君子，但也瞧不惯伪君子，由于真君子比例上也许不足伪君子的千分之一，他们当然有理由提高警惕，对世上“风雅”、“清高”、“君子”一族格外留神，凡事先存三分疑起来。宁可冤枉一个，也不成全三千。

在中国做高人是一个危险的梦想，你如果只是停留在学习（附庸）阶段，还没有正式毕业，就别指望得到尊重。老百姓吃多了亏，反而不愿意承认中间状态的价值：你要么和咱一样做平头百姓，要么就崇高到没有吃喝拉撒睡的份上，又要做什么又要立什么的那档美事，没人愿意给你留着。虽然，依我愚见，中间状态实在也不坏，如果中国人一夜间都变得清高，虽然可能使举国充满醋酸味，但文明程度大概也会有不小提高。

“清高”之招人嫌，不为别的，就在于他让人觉得不彻底，还没到那份上。让老百姓仰脖子看你可没那么容易，所以在中国，一个人做不来钱钟书就干脆学痞子破罐子破摔，想在第三条道上走，难免成为“文化苦旅”。何况，真做成了钱钟书，也未必保险，互联网论坛上针对钱钟书的奚落，可说无日无之，而且，让我这个旁观者脸红的是，奚落者无一深入研读过钱氏的学术著作。

唉，“清高”原本命不至此，我们真该学会对它宽容点才是。反过来，我也希望国内“清高”的扮演者收敛一些，少安毋躁，别急于一步登顶。说实话，我见到那些动辄说自己“因幸福而哭泣”的家伙，确实很不耐烦。这种暗示太露骨了，对私人形象太有利了。众所周知，“因幸福而哭泣”，那应该是托尔斯泰或圣雄甘地级别的胸怀，你不能在自己什么都不做或成就极为有限之时，就引诱天真的读者上你的当呀。

轻狂

◇ 轻狂终究属于成长中的无奈，轻狂作为一种可见的人体语言固然让人头疼，但轻狂也最大限度地预示了这小子的上升潜力。

狂族中最常见的一种，前面加个“轻”字，便于奚落，表示这种“狂”缺斤少两，当不得真。“少年轻狂”四字，也准确指明了轻狂者的年龄特征。不过，“少年”二字同样当不得真。今天的少年郎，整天背着沉重的书包上学堂，夜半三更还在做无休无止的练习题，哪还有轻狂的兴致及闲暇。所以，一个人要真正变得轻狂，一般得在告别少年阶段之后。今天的“愤青”，也许是一个合适的观测对象。

青年人有朝气也有傲气，有闯劲也有蛮劲，思维、感知成分里掺入了较多的血气。让人无奈的事实是，一个人正义感、使命感越是旺盛，他的人生经验往往越是匮乏，反之，随着经验日益丰富，他的正义感和使命感也会随之萎缩，以致消失不见，这真是上帝的刁钻之处。由于人的生理成熟总是早于心智成熟，遂使青年人的正义感，总是呈现出与理性的割裂。这造成一种命定的可笑，而且，他们还得继续在这股可笑氛围里慷慨高歌。——在一双因饱经沧桑而暮气沉沉的眼睛看来，这样的青年人，天生就是轻狂的范本。好在轻狂者正好瞧他不顺眼，也算扯平了。

事实上，除了轻狂者本人，及与他并肩轻狂的战友，在所有旁观者眼里，轻狂都不会是一副悦目形象。我得承认，轻狂作为一副嘴脸，确实让人很难恭维，听轻狂者大放狂言，感受也如同“听猴子讲经”。

然而，轻狂终究属于成长中的无奈，多加指责原无多大意思，正如我们可以对少女的叽叽喳喳感到厌烦，但一定要大加指责并要求她迅速改正，又属瞎操心。何况，轻狂纵有种种不可取之处，毕竟也有一个足以抵消所有不足的优点，那就是它体现了青年人积极向上的热望。轻狂作为一种可见的人体语言固然让人头疼，但轻狂也最大限度地预示了这小子的上升潜力。轻狂者不会是不可雕的朽木，而恰恰意味着：孺子可教也。

一个社会，若老是放纵老家伙无节制地指责“少年轻狂”，较之这个社会充满轻狂之徒，也许更加令人忧虑。当然，指责者太多，更大的可能是把轻狂者扼杀在萌芽之中，这仍然不是好事。相反，老家伙对轻狂少年怀抱宽容，倒可能使轻狂者变得不那么轻狂，真正帮助他们在保持青春锐气的同时，收敛过于张狂的外在行迹。这是因为，过分的轻狂，也可能是某种矫枉过正，中老年人越是横加指责，越可能激惹青年人的无名怒火。还可一说的是，考察人类中的成功人士，有过“少年轻狂”前科的，比例上也远远高于乖孩子。所以，一个国家若在体制上不利于轻狂之徒的发作，这个国家的未来一般较为可虑。

说来也许不中听，一部人类历史，相当程度上是由芸芸浪子推动的。浪子成功的前提之一是，他日后必须回头，前提之二是，回头前他必须是一个浪子，也就是，一个轻狂之徒。

我们还应该对老家伙说上几句。不是所有的青年狂气，都可以被贬为“轻狂”的，在中国，相对更加可怕的是，存在一个滥用“轻狂”来贬低后生的倾向，不少老年人在指责起青年人“轻狂”时，完全不过脑子，好像前人发明“轻狂”这个词，就是供他发泄对青年人的仇恨似的。这种发泄的不利后果，借助我对网上愤青的随机调查，现已看得很清楚。那就是它不仅没有起到限制轻狂队伍的作用，还使得今天的轻狂者整体素质呈下滑趋势。看看互联网上那些惯于在各个中文论坛频繁挂帖子的当代愤青吧，真是惨不忍睹，较之他们历史上的轻狂前辈，水平之倒退，不可以道里计。

撒谎

◇ 越是无关紧要的谎言，越容易露出破绽。露出一次破绽不打紧，但人的怪癖在于，只要你被他识破过一次，他就认为你撒谎成精，从此再无诚信可言。

天下父母都一样，最不能容忍的，就是孩子的撒谎。面对儿子的撒谎，再有涵养的父亲，都可能一巴掌将过去。虽然，为了向太太解释近来为什么频频出差，他自己找起借口来，也是毫不含糊，一捏一个准的。

我觉得，撒谎不是魔鬼的本性，而是人的天性。人之撒谎，总有趋利避害的因素。撒谎的诱惑性实在太大了，它赋予凡人“四两拨千斤”的能耐。所有生活中不值得计较或懒得解释的难题难局，都不妨交给谎言对付，而且通常情况下，谎言总是对付得轻巧有效。人们难以容忍的，是那种不怀好意的撒谎，亦即邪恶的欺骗，但公正地说，在庞大的谎言家族中，在普通百姓之间，邪恶欺骗所占的比例并不高，人们生活中做得更多的，往往是防守性的撒谎。我以为，出于对谎言的天生恐惧，导致此类防守性谎言的有益之处，一直没有得到积极评价。

显然，生活中有大量不值得如实相告的内容，交给谎言去对付，显得既经济又有效。比如，面对那些专喜刺探别人隐情的“包打听”，你本着有问必答，实话实说的态度，一一招来，不是过于无趣了吗？你不愿去应付饭局，又不想让人觉得受到冷落，顺口诌一句“对不起，今天我有点感冒”，较之“你们也可以少吃一点，晚上为什么不读点书”的肺腑之言，不也更能维系人际情感？

撒谎，原非难事，如果不是事关重大，人们撒谎时都充满自信，很少担心谎言被戳穿。嘴角一撇，诸事搞定，好处如此明显，花费却可以不计，人们有什么理由不多说谎话呢？——撒谎真正的弊端，正在此处。

撒谎会上瘾，撒谎会让人轻易获得成功感，两个谎言自身也会生成互相激励的机制，鼓励人们把谎话继续下去。此外，若非十足的理由，人们在有可能戳穿谎言之时，多半是选择放弃的，这份好意于是也就遗憾地对撒谎者构成了怂恿。结果，有些人甚至会在无甚必要的情况下继续撒谎。据我愚见，撒谎一旦进入无意识境界，也就意味着诚信的末日。

一次性或下不为例的撒谎，颇难识破。一个精心编织的谎言，也不易露馅，因为撒谎者会认真对待，时刻注意圆谎。圆谎是一门很高的技艺，像一次不谨慎的投资，为了确保成果，撒谎者甚至无法通过撤资的方式来止损，而只能宿命地不断追加投资，滚动雪球。可以想象，一位不想离婚却又向妻子隐瞒婚外恋事实的男人，就不得不天天忙着为自己圆谎。天天圆谎，谎言的直径不缩反增，最终就可能达到骇人的规模，让人圆不胜圆。——撒谎固然容易，圆谎却谈何容易。更可悲的是，正因撒谎的轻而易举，又会使撒谎者不自知可笑地高估自己的圆谎能力。

本人之极少撒谎，原因在此。我不认为自己具有那么大的能力，可以在任何时候回忆起自己在任何地点说过的任何一个谎言，再从容修补它。类似向妻子隐瞒婚外恋这种级别的谎言，我以为即使奸诈如曹操之流，充其量也只能对付三个，再多几个，就是智慧女神也会思虑瘫痪。所以，即使单纯从技术上考虑，我们也得少撒谎，尤其不要在小事情上撒谎，以便在确实需要谎言相助之时，能够全力以赴地投入战斗。要知道，越是无关紧要的谎言，越容易露出破绽。露出一次破绽不打紧，但人的怪癖在于，只要你被他识破过一次，他就认为你撒谎成精，从此再无诚信可言。——可见，撒谎虽然方便，最终却无成算。一个在诚实方面授人以柄的家伙，即使真情流露，也可能不受重视；一位予人以银行家之感的可靠人士，偶尔撒谎，倒可能不受质疑。老练的弗兰西斯·培根爵士因此推荐了一个老辣配方，值得转录在此："享有坦诚的美名，养成保密的习惯，适当使用掩饰，无可奈何时有能力作假。"不过，讽刺的是，智慧无比且曾经担任过英国首席检察官的培根，后来仍因贪污受贿而受到法办，一度被监禁在伦敦塔里。以培根之智尚且在"作假"（也就是撒谎）的问题上大跌跟斗，寻常人等最好还是避免逞能。

现在社会上呼唤诚信，我非常赞同。我觉得中国人对待谎言，态度上也有暧昧之处。举例来说，在某人被查出突患恶疾时，他的亲友总会选择向病人隐瞒病情，而且坚信，让亲人蒙在鼓里，是一件天大的善事，根本无需征求临终者的意见。——对此我坚决持不同意见。

善良

◇ 善良最大的功能，是供我们自我陶冶，自我陶醉的。

这一点它和气球相似，你千万不要试图把它握在手上。

人之初，性本善还是性本恶，永远是笔糊涂账。这不是那种“先有鸡还是先有蛋”的次序型糊涂账，而是“先有男还是先有女”的分类型糊涂账。说性善性恶，蕴含着一个假设：人有一个——不能有两个——情感始基。然而这个假设并不存在。人之初，原本非善非恶，时善时恶，亦善亦恶，一派迷蒙。《三国演义》里的猎户刘安为了表达对大好人刘备的无尽善意，在家无余粮的情况下，竟然把妻子当成牛羊宰掉，端上了刘备的餐桌。这不，感天动地的大善与骇人听闻的大恶，同时呈现。作为《三国演义》的读者，我们的眼泪该为谁而流呢？该心存感动还是义愤填膺呢？

正如嫉妒有所谓“近距原则”，我发现善良也有一个“远距原则”。人类的天性在于，他们擅长嫉妒邻人，善待远人。

假设一位腰缠万贯的家伙，不惜重金购下了凡·高的名画《吃土豆的人》，他也许每天都要在画作前逗留一阵，甚至每顿饭前都会独自踱到画作前，淌下三滴五滴不等的眼泪。但是，当年的穷亲戚来串门了，也许正是一位每天在老家只能吃点土豆的乡下表兄。大阔佬兼艺术品的知音会如何表现呢？——请参照读读兰姆的绝妙随笔《穷亲戚》吧——他最可能做的，只是如何打发他，而不是如何帮助他。说到电影中的乞丐或孤寡老人，通常总能轻易地把我们打动，若再加上音乐的煽情起哄，也许我们谁都憋不住摸起了手绢，擤起了鼻子。据说当年著名悲情片《一江春水向东流》在东南亚某国上映时，电影院的广告栏里要求观众别忘了多带手帕备用。我至今记得小时候看朝鲜苦难影片《卖花姑娘》时，整个影院哀声一片，与开追悼会差不多。但这绝不等于如此善良的你我，一出电影院大门就准备朝乞丐的破碗里大把扔硬币，见到卖花姑娘就把她领回家去，好饭好菜伺候。当媒体呼吁向某个患白血病的大学生捐钱捐物时，往往能收到很好的效果，但那些慷慨的施主，对自己同样不幸的邻人，很可能永远睁一眼闭一眼，不仅一毛不拔，还怀疑对方装穷使坏。难怪人类的大善人耶稣基督，早就告诫我们这些迷途的羔羊，要“爱你的邻人”。他洞悉人类的怪癖，知道我们这些心术飘忽的凡子的所有弱点。——也许，爱邻人，本身就是圣人的境界，其难度远在从事慈善事业之上。爱默生曾在另一个层面上发出感叹：“你对远处表现的爱就是对自家的恨。”

接着往下说，善良的另一个特点，恐怕是喜静不喜动。善良通常表现为仁心一念，缺乏行动的勇气。一个人，有可能一百次萌生为善的冲动，却一次也没有付诸实施。如果人们将半数善念付诸实践，世界将立刻因充斥雷锋而变得过于美好，以致人们转而抱怨起它的单调和乏味来。“东北人都是活雷锋”，作为俏皮话说说无妨，却当不得真。所以作为一种世故，我们如果能够得到别人口头上的同情和理解，就应该视为足够，就应该对他的“仁者一念”给予充分肯定。至于要求他人进而借钱——更别提送钱——给你，那就活该遭人白眼了。善良，我以为是一种升华的情感。这话的意思是，善良最大的功能，是供我们自我陶冶，自我陶醉的。这一点它和气球相似，你千万不要试图把它握在手上。

我们不太容易感受他人的善良，发现自身的善良却较为容易。只是，这种自我发现未必牢靠，个别情况下还可能发展到荒谬程度。比如，仅仅因为没有对忤逆者施以炮烙或凌迟，一个暴君就可能摸着脑门子发愣：我是不是过于善良了？宗教裁判所的刽子手同意让布鲁诺死后才放上火刑柱之时，也可能被自己心肠的温软感动一番。

善与恶，我们多多少少都有那么一点。区别是，恶步态轻盈，敏于行动，善却步履蹒跚，反应迟钝。人世间的常情是，背后说别人的好话，非得铁证如山不可，而说起别人的坏话来，只要一点小小的风影就足够了。——这不等于人性恶的成分大于善的成分，只能说明两者的表现方式有异。恶是好动的，善则安安静静。此外，老于世故者想必知道，报恩属于圣贤级别的情感，向一个熟悉的人行善，效果往往适得其反，对方有可能因不知如何报恩而横生怨怼。我想，莎士比亚笔下的波洛涅斯告诫儿子不要借钱给别人时，就是这么认为的：“因为债款放了出去，往往不但丢了本钱，而且还失去了朋友。”

深沉

◇ “深沉”似乎永远离不开一副紧锁的眉头，望着一张“深沉”的男人脸，我们既可能油然生敬，也可能蓦然生悲。

这是一种不容置疑的男性性格，我们从未听说哪个女人被冠以“深沉”的评语，即使武则天之类权力型女人，也很不“深沉”。她妖艳，机警，富于权变，在走向权力巅峰的过程中，她召唤出一个女人所能具备的全部权谋和果敢意志，她的思维动如脱兔，表情瞬息万变，却未必需要借助深沉的苦脸。何况，女人对美丽的追求，又是她无论如何不愿割舍的。而一副深沉的女相，与美丽何干？

我们讨论过“沉着”，也曾把大量赞誉给予了“沉着”，还能给“深沉”匀出点什么呢？它看来不是与“沉着”有点表亲关系吗？

简单地说，“沉着”者固然予人以“深沉”感，但“深沉”显非“沉着”的全部，甚至未必是“沉着”的必要构件，不以“深沉”面目示人的“沉着”，大有人在。一个老是涎着脸的油腔滑调之徒，一个老在逐嗅女人裙裾的登徒子，一旦大敌当前，有可能比那些脸如刀劈、面似石膏的家伙，更能临危不乱，制敌于先。所以，我们立刻发现了两者的最大区别："沉着"不拘形迹，不泥于相，可以点缀在任何一副表情上，因而也是一种更内在、更可靠的品质，深沉则更多地流于言表。"沉着"弹性十足，"深沉"则不免有点机械。"深沉"似乎永远离不开一副紧锁的眉头，望着一张"深沉"的男人脸，我们既可能油然生敬，也可能蓦然生悲。深沉是不乏苦相的，脸上瘦骨嶙峋，额头乌云盖顶。当然，这说的只是那些徒具深沉嘴脸的家伙，世上也不乏深沉到骨子里的人，对于他们，外表的深沉只是心理图像的准确反映，他只是拙于掩饰而已，能量却未可低估。他的苦相里自有一番春温秋肃，心灵里那些嘀嗒嘀嗒的机械声，复杂程度不逊于一只瑞士陀飞轮手表，也许正演算着惊天阴谋。

性格，严格说来由两大领域组成：气质性的和修养性的，前者属先天生成，后者赖后天培养。说到深沉，它无疑更多地得诸教育、环境、机遇等因素的影响，而较少与人的胆汁、血型相关，比如深沉的父亲从来培养不出同样深沉的儿子。才高八斗的曹植与其父曹操在气质上天差地隔，找不到一丝共同之处。——曹操当然深沉得很。我们也许可以把"深沉"视为"沉着"的畸变，这样，它便具有了两种导向：要么重归沉着，要么滑入阴险乃至阴鸷的领域。后者可以视为人类性格版图上的极地，有长达半年的黑暗，终年不退的积雪。

不管"深沉"最后走向何方（视"深沉"者的具体情况而定），深沉仍属于防守型的性格，它是被迫生成的。幽默者常常会对自己的幽默自我欣赏一番，深沉者却不会对自己抱有欣赏之情。深沉者常为自己不得不深沉地看问题所苦，当深沉没能有效地与某种达观联姻，它更可能转化为道德或观念上的重负，令深沉者不胜其烦；当深沉没能及时地与懒惰勾结，同样会因形而上的疲劳而导致形而下的瘫痪。对一个男子来说，拥有深沉比拥有财富、官阶或知识更能表明自身的品位，但深沉过度，差不多总是悲剧性的。

性格，如果还要加上一大领域，那便是各种伪形，“玩深沉”即为一例。“一个人的性格决定他的命运”，那么，“玩深沉”的命运由什么来决定呢？由“玩世不恭”还是“深沉”来决定呢？让他自己掷骰子吧。

势利

◇ 势利者只有十分钟未来，志既有限，所得自然不会太多。势利者的姿态貌似积极进取，追究其心理动机，很可能只是为了消极自保。势利，也许只是防卫过当的结果

说某人是小人，十有八九等于在说这家伙是个势利鬼，所以“势利小人”每每合在一起，好似一狼一狈，密不可分。在庞大的“小人”联合有限公司里，势利之徒确实是第一大股东，占据了百分之七十的股份。

见风使舵，溜须拍马，见利忘义，过河拆桥，做事无原则，行为无节操，人前两面三刀，袖里忽阴忽阳，坏事未必做绝，好处却想捞尽，精于算计，擅长盘剥……以上种种，虽挂一漏万，却也可管窥势利诸相了。说势利者为卑鄙无耻之徒，固然言重，但话说回来，一旦外在条件成熟，内在需求撮合，内外环境配套，势利者降格成卑鄙无耻之徒，却也方便得很。

若撇开上举因特殊环境造成的人格畸变，我们又可较为坦然地看待势利者了。没什么可怕的，小人之可畏，一如蚂蚱蝗虫，只要不给他们创造有可能造成蝗灾的外在条件，单个势利鬼，诚不足惧。

势利，换位说说，也可视为生存智慧的体现。区别是，该智慧如一

只制作粗陋的弓，无法拉满，故射程相对有限。仗着势利，一个人不愁没有收获，但要满载而归，怕也困难重重。势利者五步可杀敌，若退至一丈，则“势不能穿鲁缟者也”。在单位或办公室里出现一名势利者（通常总会有个把的），必然搞得众人不快，甚至把办公室同仁弄得都有点势利。但秋后轧账，发现那位势利者所得竟非常有限，与之相应，自己的所失也远低于预计。人们常会提到“势利嘴脸”，这表明势利者大抵修养有限，不善伪装，还没资格成为大奸巨猾，容易被人一眼认出。正因为势利者的行为太过外露，丑陋且不加掩饰，因而格外令人反感作呕。因反感作呕之故，我们也可能高估了势利者的能量。在我看来，大多数势利者，不过是所谓“吃相”难看罢了。真正的势利者，是“上级领导”的利用对象，而非重用对象。以上举例为例，那些在反右运动中落井下石的势利小人，后来大多没有好下场，转身入了班房，丢了性命者，大有人在。肃反时期的苏联也是如此，那些站在斯大林一边竭力迫害反对者（大多是臆想中的反对派）的势利鬼，不多久即遭到了同样的清算。

势利者缺乏大局观，老是在边边角角算计着死活得失，计算固然非常正确，局部也甚有所得，无奈大势上却落后甚多。势利者害人一丈，所得往往未盈一寸。

民间的智慧历来值得玩味，当人们说“势利眼”时，无需描述，谁都知道指的是一种鼠目般的眼睛，故“寸光”二字，也成了对这种眼神的最佳描述。势利者只有十分钟未来，志既有限，所得自然不会太多。势利者的姿态貌似积极进取，追究其心理动机，很可能只是为了消极自保。势利，也许只是防卫过当的结果。势利者对自身无甚高评，对自身的卑微地位基本上持认同态度，唯其高度认同，所以干什么都无所谓了。

说到势利鬼最大的贡献，大概就是伤害了人民群众弥足珍贵的普通感情。其中个别人在突遭势利小人的冷拳后，胸口郁闷难伸，有可能就此思考起了哲学问题，或就此萌生了文学抱负。世上若没有那么多势利鬼，恐怕作家也会大幅度减少。不必说，正如警察和罪犯是电影最合适的表现题材一样，势利鬼作为一种文学形象，也堪称上佳之选。

书呆

◇ 真正的读书人，不可能把自己弄呆，“读书使人充实，读史使人明智”，这是英国大哲弗兰西斯·培根的话，中国人缺的就是这类格言，不缺的则是“颜如玉”、“黄金屋”、“千钟粟”之类破玩意儿。

典型的书呆子，请参见下文“迂腐”条。我将“书呆子”一分为二，自然另有用意。比如已故数学家陈景润先生，虽然经常被人说成书呆子，但与鲁迅笔下的“孔乙已”，不能归为一类。抬举孔乙已倒也罢了，贬低陈景润先生，会让我浑身不自在，觉得作孽。

首先我想探讨的，不是何谓“书呆子”，而是中国人为什么性喜称读书人为“书呆子”，所以这不是针对某一个人的性格，而是试图探讨一种民族性。据我所知，西方人对自己民族的读书郎，通常礼敬有加，虽然也有对应于“书呆子”的说法（egghead、bookish），所施并不普遍。照中国的标准，歌德笔下的浮士德实在够呆的了，为了满足自己对知识的渴望，不惜与魔鬼打赌。但是，他仍然没有被人称为“书呆子”，相反，人们总是从所谓“旺盛的哥特式气质”去理解他的行为。若暂时撇开来自“迂腐”者的影像骚扰，我想说，读书人并非中国独有，动辄视读书人为“书呆子”，才是我们的民族特色。所以，研究何为“书呆子”很可能是个伪问题，探讨中国人为什么特别喜欢称读书人为“书呆子”，倒不乏实际意义。

本人即经常被指责为“书呆子”。我承认自己在世事洞明、人情练达两方面都有很大不足，既然不足，自然就有点呆。但若将这点“呆”归结为读书太多，我显然不能同意。首先，我读书还不够多，其次，我坚持认为，真正的读书人，不可能把自己弄呆，“读书使人充实，读史使人明智”，这是英国大哲弗兰西斯培根的话，中国人缺的就是这类格言，不缺的则是“颜如玉”、“黄金屋”、“千钟粟”之类破玩意儿。

仔细想想，产生“书呆子”问题，有历史原因，也有别的原因。目前的现状是，可按是否读书把中国人分为两类，一类是经常读书的，一类是从不读书的。与欧美国家比较，我们民间存在一个庞大的反读书群体。我们的民族意识中缺乏这样一种信念：读书不是知识分子的权利，读书是现代公民的基础义务，普通人与知识分子在读书上的区别，只在于读多读少，如何阅读，而非要么就当知识分子，要么就基本放弃阅读。根据我本人的生活经历，我发现甚至贵为大学师长的，不读书的风气也甚为风行。现在随着微信、微博等新兴平台的建立，不读书的人更是与日俱增，甚至，那些整天忙于在微信上转贴文章的家伙，也未必是读书郎：他若真爱读书，就应该知道，手机屏幕不是合适的阅读平台，而只适宜获取信息资讯。

在中国，读书总与可见的功利联系在一起，历史上是科举取士，现当代则是高考职称，纯粹为乐趣而阅读，为丰富心灵生活而阅读，坦率地说在中国并不存在——我是说作为一个群体不存在。我好多次脸红地发现，在列车车厢里，那位唯一的读书人，往往是一个洋人。国人在车厢里干什么呢？谁都知道，他们在打牌，在嗑瓜子，在聊天，或把臭脚丫子搁在对面座上，勤奋地打着盹。如果有人阅读，多半在看证券或体育报。进入智能手机时代之后，有时你会发现整车厢的人都在玩手机，通常不是在读段子、发消息，就是在玩游戏。你知道，动辄说别人“书呆子”的，正是这帮家伙。

如此恶劣的求知环境，读书人被称为“书呆子”，也就逃无可逃了。庞大的反读书群体，由于无法理解、拒绝想象阅读对于提升个体修养、增加文明素质、丰富私人生活的积极意义，所以只能想当然地将读书人视为“书呆子”。将读书人视为“书呆子”还有一个好处：使自己的大老粗身份得到捍卫。

在我看来，即使如陈景润之类行为怪诞的数学家，也不能被视为“书呆子”。读书、研究达到一定阶段，会使人产生一种飞翔感，使他自然而然地远离现实生活，直接在精神领域翱翔。在这种情况下，爱因斯坦有可能忘记自家的门牌号码，浮士德也会选择与魔鬼打赌。西方的大量普通人，当然也和你我一样，不具备此种直接在精神领域过日子的能耐，但和你我不一样的是，他们知道有这种状态，承认并且尊敬进入这种状态的人，所以，爱因斯坦不必担心被人指责为“书呆子”，陈景润就生不逢地了。

松弛

◇ 一个松弛的人，八成也就是一位洞悉进退玄机，深谙文武之道的人，他的眼神能够倒映月亮的盈亏，他的胸腔能够呼应潮汐的涨落，他也许还具有在大象上舞蛇的能耐。

我喜欢松弛的人，尊重松弛的人，我甚至认为，松弛体现了人的最高理想。一个松弛者，大概也就在个体意义上进入了那种传说中的大同世界。美妙，但不是崇高。崇高是反松弛的，崇高有一种热气球的效应，热衷于让自己的私人形象达到冉冉升起的效果。我们知道，热气球维持不了多长时间，偶尔还会爆炸。也许，共产主义学说的创立者马克思、恩格斯的生命形态就相当松弛，恩格斯去世前五天还有闲情津津有味地钻研自己从未接触过的妇产科知识，当马克思强调“我不是马克思主义者”时，我也正好看到了他拒绝成为“热气球”的人格形象。

松弛与散漫是完全不同的两种性格，两者形态相仿，质量迥异，轻重之别不下于铁饼之于烙饼。欲观察某人是松弛还是散漫，有一个偷懒的法子，那便是眨一下势利眼，从结果中加以逆推。一位最终被公认有一定成就的人，不可能吊儿郎当，即使他的日常言行让人觉得没一丝正经。

同样，一个最终被认定碌碌无为的家伙，也肯定与松弛无缘，即使他脸上的肌肉没有一块长对地方。当然，如果阅世较深，看出松弛与散漫的内在不同，也非难事。在松弛者的言行举止中，总是洋溢着一份睿智和通达，他的表情既漫不经心又意味深长，他懒洋洋的神态里总会在某一刻射出进取之光。

“松弛”，字面上就揣着一张弓，说明松弛者随时能够把弓拉得满满，同时壁立如松。

松弛者在我国极为罕见，正如我们传统意义上的孝子，在法兰西或英格兰也难得一见，尽管，英国作家毛姆曾认为：“对老年人的尊敬是人类最应受到赞美的一种品格，而且我可以很有把握地说这种品格在我们国家要比任何国家都更明显突出。”中国读者读后大抵会付之一笑。中国式孝道与中国文化总体上的内敛倾向有关，我们有那么多的仪式和礼节要尊奉，我们有“礼多人不怪”的恐怖格言，我们的孩子从小被要求听话，汉语中一个“乖”字，千百年来不知捆绑、诱杀了多少天真自由的心灵。我认为，华夏文明对于他的子孙天然会造成一种凝固和紧张感，与别种文明相比，我们的骨节一直较为僵硬，民族肢体早在先秦末期就丧失了舞蹈意识，心灵的舒张也迟迟得不到过问。凡此种种，皆不利于松弛之态的产生，更遑论松弛性格的培育了。谭嗣同曾痛切地认为中国人“面有劫相”，我以为国民普遍缺乏松弛感，也是生成这副劫相的原因之一。附带一提，虽然有幽默感的人不见得都是松弛的，有些人的幽默感常常带有机械味，但真正的松弛者，多多少少总会有点幽默感，而且，即使他的幽默感并不高明，也不会让你闻到机油味。

兵者，诡道也，所以一位不够松弛的将军，注定是不合格的，但反过来，如果每位士兵都非常松弛，又很难想象他们会在战场上赢得胜利（请允许我顺手于心不忍地纠正一个华丽的成见：“不想当将军的士兵，肯定不是好士兵。”这个道理原非难解，所以我们早就听说，一支由 11 个贝利组成的球队，绝对不是强队）。这个事实正好提醒我们：松弛者天生是干大事的，他有原则但没有成见，有追求但不会胡来。套用中国的传统智慧，松弛者早已超越了“见山不是山”的低级层次。联系到制作弓箭的原料，我们也可以说，松弛的性格，某种程度上也就是鲁迅先生强调过的“韧”，它既坚硬又柔软。一个松弛的人，八成也就是一位洞悉进退玄机、深谙文武之道的人，他的眼神能够倒映月亮的盈亏，他的胸腔能够呼应潮汐的涨落，他也许还具有在大象上舞蛇的能耐。

中国作家中，特多那些喜欢借助吼叫和拍胸脯来表明心迹的家伙，甫一出场，辄雷声隐隐，让人依稀记起京剧《红灯记》中李玉和的出场情景："狱警传似狼嗥我迈步——出监”。说实话我对这号人物，实在不敢产生敬意，哪怕只是礼节性的。因为无论吼叫还是拍胸脯，都与松弛为敌，而不够松弛，在我的私人性格谱系里，自始至终都是内心虚弱的可靠征兆。松弛是一个性格上的弹簧，有了它，你才能确认自己是否足够坚强，足够能干，是否具备浩然之气。

天真

◇ 天真，你越是自以为拥有它，你也就离它越远，天真与爱情不同，它永远不属于追求者。

说来有点扫兴，性格家族中最可爱、最无邪、最具观赏性的一种，居然建立在无知基础上。众所周知，孩子才是该性格的最大持有者，我们也只有结合一张稚嫩小脸，一口咿呀童音，一种笨拙步态，才能领略天真妙趣。

天真，是的，它天然属于孩子。大人们最好离它远点，但也别太远。离得太远，一方面会使你失去欣赏天真的乐趣——如果你觉得这无关紧要，那么它还有——另一方面，也可能使你滑向世故，变得乏味。

天真的另一特点是单纯，单纯同样是孩子的特权，它也同样与无知关系密切。一个曾经沧海、情海或宦海的成年老手，几乎不可能重回天真，除非他就想着如何让别人恶心。天真，你越是自以为拥有它，你也就离它越远，相反，一个孩子，他越想装出大人样，我们越觉得他天真。这表明，天真与爱情不同，它永远不属于追求者。

不过，由于天真被赋予了过多审美属性，它又从寻常无知中脱颖而出了，化蝶了。即使在孩子那里，也不是所有无知都能让人觉得天真可爱。天真与可爱每每连体共生，这提醒我们注意：天真固然会显得可爱，可爱也成了天真的条件。凡是不能让人觉得可爱的无知，必与天真无缘。即以孩子为例，当他因少不更事而惹恼了一位重要客人时，没有人觉得那是天真；当他就“人是从哪里来的”发表高见时（常见的如“人是从耳朵眼里蹦出来的”），每个大人都会乐不可支。这表明，属于天真的那份无知，还必须具有趣味。天真固然包含了无知，无知却不容易进入天真之境。

天真应该符合审美原则，但我们较少意识到，人际间的审美原则，往往也就是势利原则。两个女孩年龄相同，一个相貌伶俐些，一个稍稍粗蠢些，人们就特别容易从伶俐者身上感受到天真。这个事实告诉我们，天真也许更多地由他人眼光说了算。我们只能从他人身上发现天真，感受天真，却不能借助自我的力量展示天真。花在开放时并不以美丽自居，然俯仰皆成美丽，天真亦复如是。

天真，就其本意，应该是自然而然，雕饰去尽，所以人们容不得假天真。人们喜爱天真的程度，与人们讨厌伪天真的程度，大概呈正态分布。再没有比卖弄天真（最新的网络用语叫“卖萌”）更让人倒胃的了。不知诸位可曾发现，国内现今青年人中，弥漫着一股卖弄天真的倾向。与之相伴，如“小伙子”、“少年”之类充满阳刚气的传统称呼突然不翼而飞，集体代之以“男孩子”；同样，一个个半大不小的大姑娘也流行以“女孩子”自居，“天真”得让人直想咒骂老天。

当然，由于所有人都是半斤八两的无知者，天真领域也就未必不能让成年人（尤其是老年人）偶尔插足。举个极端例子，大哲学家黑格尔似乎最不容易表现天真，但当他自不量力地在大著里肆意贬低自己并不了解的中国文字时，钱钟书的耳朵正好凑了上来，顿时觉得他天真可笑。相反，当不通剑术的马克思与人比剑时只会仗着身量优势向对方一味乱撞，此时我们感到的乃是率真。率真与天真，不可混为一谈。

挑剔

◇ 挑剔并不必然算一种缺点，换个角度，挑剔也意味着追求和讲究。一个什么都不挑剔的人，和一个什么都挑剔的人，在无可救药的程度上恐无二致。

说到挑剔，我仿佛面对一头三面怪物，时而讨嫌它的病态，时而感动于它的执着，时而又为其中的焕然神采所折服。单纯从字面上看，“挑剔”趋于贬义，说某人性喜挑剔，总像是一种指责。——其实，未必。

挑剔的复杂性，源自挑剔心理的多样性。

有人是瞧自己不顺眼，依他的情绪流程，他该扇自个儿耳光才是，但扇自个儿耳光毕竟难以下手，为拯救自我计，他便养成了拿周遭事物出气的习惯。当习惯成了自然，这位仁兄落在他人眼里，便成了一个挑剔客。其实，他是把周遭事物成功地转换成那一个个原拟扇向自个儿的“耳光”了。我听说过一个极端例子：挑剔空气。有位养尊处优的太太，百无聊赖，心事重重，她心目中的头等大事，就是担心生病。为此，她对周边一切都怀有戒心，好像人间万物，无非染病之源。这个心事是如此沉重，以致寻常的消毒预防措施（比如她所用的茶杯，除水洗外还必须经受酒精擦拭及消毒柜消毒这两道程序）在她眼里都远远不够，最后她发展到挑剔空气。女佣接受了一个闻所未闻的工作：双手竖举一块沾过水的大浴巾，循着几何般严谨的线路，在家里匀速走上三遍，以吸收空气中的颗粒尘埃。——你当然知道，空气是无辜的，那个抽向空气的“耳光”，实质还是掴向了挑剔者自己。话说回来，当今日中国各地的空气质量普遍大幅下滑之后，这位太太心目中的理想住所，怕是无菌病房了。

有些人性喜挑剔，乃是出于对自己地位不满，试图借助挑剔，彰显自己被埋没的才干，重获尊重。这类人物不会挑剔空气，却可能挑剔任何凑巧被他撞上的人。遇到这类挑剔者，你除了自认倒霉，别无良策。他对你挑剔与你是否活该被挑剔，一点关系也没有。以下中国象棋为例，甚至，你才摆了第一步棋，当头炮，他的指责声就来了，说是有欠稳重；得，改挺七路兵吧，他又嘀咕开了，说是大局观不足；难不成我非得先上屏风马，他才会不吭气？不见得，他照样有可能指责你进取心不够。我原来见过一个渴望被人刮目相看的小诗人，读别人的诗，才匆匆掠了三行，他就开始指点起来了。这种速度，如果以蒸馒头为例，馒头上的面粉还没干呐，他却不仅咬上了嘴，还敢于评论人家火候没到家。遇到这号挑剔者，好似遇到灾星，我的做法是：能躲就躲，决不和他论理。他只是希望你把他当大人物看，你若有菩萨心肠，就看着给吧。说得损点，夸他几句，好似朝乞丐饭碗里扔几枚硬币。

诚然，挑剔并不必然算一种缺点，换个角度，挑剔也意味着追求和讲究。一个什么都不挑剔的人，和一个什么都挑剔的人，在无可救药的程度上恐无二致。俗话说得好，情人眼里容不得沙子。“容不得”，当然就是挑剔了；连“沙子”都容不得，当然就是百般挑剔了。面对这种挑剔，你视它为烦恼还是美妙，就取决于你和“那一位”的关系了。

在追求完美的道路上，同样会出现“挑剔”的芳踪。很难想象，小提琴家会不挑剔自己的爱琴，职业杀手会不挑剔自己的武器，画家会不挑剔颜料。加西亚·马尔克斯写作前，打字机边上务必摆好一摞共 500 张雪白的打印纸，一旦纸张不到位，他立刻情绪暴躁，灵感全无。他一天用得完这么多纸吗？你若这么问，就外行了。这不是现实需要，而是心理需要。他对作品的苛刻，需要这些纸张来打底，哪怕他一辈子都不曾在一天里用完 500 张纸，他也会一直坚持。真正的文学大师，都是对文字格外挑剔的人，在前电脑时代，他们的手稿往往也涂改得最多。“文章不厌百回改”正是天下一流文章家的共同态度。那些信奉“洋洋万言，倚马可待”的家伙，若非天纵奇才，写出来的东西通常较为平淡无趣。

挑剔，当它用来排解个人的不良情绪，往往表现为寻衅找碴，那多半不太好耍；当它用以针对人事，留给别人的八成就是灾难；然而，当挑剔只是用来完美自己的艺术追求，它又立刻焕发出灼灼神采。可以说，人间一切美妙的艺术作品，背后无不有一双挑剔的手。这当儿，那双挑剔之手，直通灵境。不用说，在民主社会，那些惯于对政府行为横挑鼻子竖挑眼的家伙，也是民众的福音。他的挑剔之论未必准确，却有望帮助政府走上正确的轨道。

伪善

◇ “伪善”天生长着一张魔鬼的脸，令人本能地汗毛倒竖。但只要把伪善这张牌翻过来，你或许就能看到另一面：虽然不是天使，但已不再狰狞。

我们对伪善的厌恶，唯伪钞可比。

细细想来，还颇有辨析余地。制作和传播伪钞，若不考虑特殊情况——比如战争时期通过制造伪钞来破坏敌对国的金融——都是一种犯罪。伪善的情况却不那么简单，大量被视为“伪善”的东西不仅未必属于恶，有时还不妨视为善。伪钞严禁流通，至于伪善，流通又何妨。

我们对伪善的厌恶或反感，就像我们厌恶蛇那样，近乎一种本能。其实，那是因为我们没有区别两种伪善，而是把所有伪善都等同于阴谋和欺骗了。的确，有一种阴谋和欺骗，性喜借助伪善的柜台，以售其奸；更可怕的是，但凡假借伪善来实施的阴谋和欺骗，成功的概率最高，对人心的杀伤力也最大。我们人类的那颗戒心，总会在貌似善良、忠诚、慈爱的对象面前，不由自主地放松戒备。假如有人竟然对此加以利用，偷袭我们心灵的软肋，任谁也会怒不可遏，并把它直指为人间首恶。——

伪善之饱受谴责且不能见容于世，原因在此。

话分两头，实际上，并非所有的伪善都带有阴谋和欺骗，伪善家族中的日常成员，与阴谋、欺骗之类毫不沾边。它们作为善意固然不够纯粹，显得缺斤少两，但也只是缺斤少两而已，本身并无别种不可告人的歹意。对这类充其量有点言不由衷的半吊子善意，我们犯得着大加挞伐吗？说伪善有时不失为一种善，即缘此而来。

伪善的“伪”，可有两解，一为立志为恶的欺诈，一为无意为恶的矫饰。对前者，不妨抱定除恶务尽的态度，严惩不贷；对后者，则大有斟酌余地，倘若因自己见识有限而将一些毫无恶意的“伪善”当成大奸巨猾来疾恶如仇一把，我们还可能弄糟了生活，误伤了好人。

试从礼貌、教养或所谓社会文明的角度来看，我们鼓励大家与人为善、礼貌待人，能微笑绝不板着脸。换句话说，这类要求里，暗含着鼓励世人表演善意的意思。有句话说得实在：“笑比哭好。”面对某人，你可能没有微笑的心情，面对某事，你也许没有那么感动，但本着与人为善，你还是微笑了，还是做出了一副让人误以为你很善良的表情。这事很坏吗？一点不，因为你毫无骗人之念，而且，更重要的是，你那些未必发自肺腑的微笑和善意，还多多少少感染了别人，温暖了别人，你使他人意识到了生活的美好。如此表演，即使把它视为逢场作戏，我也看不出它有啥邪恶之处。——就这类伪善而言，把它视为善的一种，并不过分。需要澄清的只是，它是小善，不是大善。在生活中假如有人朝我笑笑，哪怕我意识到他笑得勉强，我也一定会把它“笑纳”的。为什么不呢？

根据俗语“敬酒不吃吃罚酒”，我们还可见识到另一种伪善：初衷是好的，也没有欺诈之念，只是由于对方不领情之故（也可能事情在中途发生了变化），导致事与愿违，结果，原本出自善意的想法，最终演化成令人遗憾的一幕，甚至，变得歹毒邪恶起来。站在结果的角度看，把对方之前的善意定性为“伪善”，好像也说得过去；而站在旁观者角度，也许，把它视为一种未能善始善终的行为，更加符合实情。有些恶，属于善的中途变节，它和蓄意欺骗迥然不同。

做诚实的人，是我们所有人的正当愿望，希望别人诚实，更是我们的切身需求。不过我们也得看到，诚实也有一个容量问题，超出必要的诚实，也会令人不堪其重。中国世故哲学里有“交浅言深”之戒，那意思是：如果两人的关系还远远谈不上肝胆相照，那么，哪怕你是真诚的，你也不用向对方流露出超出你们交情的真诚和善意。过多过浓的善意表达，常常予人骚扰之感。这从另一面说明，既然不分场合的善意流露未必讨人喜欢，对于那些仅仅显出几分虚假的善意，我们也犯不着横眉怒目了。

我们对伪善的大量反感，很可能受制于字面上的蛊惑。如果文字也有画面，那么，“伪善”天生长着一张魔鬼的脸，令人本能地汗毛倒竖。但只要把伪善这张牌翻过来，你或许就能看到另一面：虽然不是天使，但已不再狰狞。

温柔

◇ 温柔常常与温柔的施予者无关，温柔来自对温柔的感受。

视觉上有玫瑰的醉红，听觉上有小提琴的丽音，味觉上有水仙花的清芬，触觉上有兔子的质感，肤觉上有鳗鱼的柔滑，作为一种统觉，则有一头眼角迷离的小鹿向你款款走来。习惯上，人们管这些玩意儿叫“温柔”。

温柔是我们经常体验到的情感，有时得自体验，有时得自外界，实际上却不可捉摸。说“外界”而不说“他人”，是因为我们体验到的温柔之情，并非全由人类提供。对一颗敏感多情的心灵来说，一块布料，一只小猫，一朵飘云，一片冰冷的雪花，或书籍上的铅字气味，都能制造出温柔感来。看来，人们只是喜欢温柔，轻信温柔，而非对这玩意儿确有心得。我们的温柔感常常既结结实实，又不明不白。

也许归因于我们内心构造里有一种叫做“情愫”的东西，它像雷达那样始终处于积极的侦测状态，以便随时激活。一旦激活，该“情愫”

就将某种酥痒感受传递给大脑和皮肤表层，从而挤破了泪囊，震碎了毛孔，敲蒙了胸腔，诱奸了智力，这不，温柔出场了。正是在这个意义上，我们普遍赞同人是一种有感情的动物，“情愫”所及，则流水脉脉，高山巍巍，春风带醉，秋气含悲。当一个思春女孩被一缕鲜花的芳香打动得死去活来时，我们显然不能同意，那堆花瓣居然有一种名唤温柔的性格。由于“情愫”的存在，人心产生了软弱的趋向。虽然文明社会的外在规范倾向于压制这份趋向，但这就像压制皮球一样，一旦压力释放，只会使它弹得更高。软弱的人心遂特别渴望被打动，特别轻信温柔。即使他并没有意识到这份渴望，需求依然存在。当一位相貌平平的歌手向大家表白“我很温柔”时，人们立刻就相信了，几乎想都没想过他是否撒谎。——所以，问题的关键不在于对方是否撒谎，在于我们需要有人如此表白，在于人类的温柔本质上是一种欲望，它渴望得到填补。

所以，总体上看，温柔与对象无关，它完全由人心的刹那印象所发动。有些人感知温柔的能力特别强，即使面对粗豪大汉的憨笑，也会产生温柔感。央视一位著名女主持人，据说就有此能耐，运用起眼泪来比我用键盘打字还要麻利，收放自如，简直像有特异功能。她总能赶在观众感动之前，抢先掉泪，待到观众心有所感时，她的眼泪已然像一支先期抵达的小分队，占据了情感的有利地形，以至人们怀疑，自己到底是被那个对象所打动，还是被这位主持人极具先见之明的流泪行为所感染。该先见之明简直就像某些股票大鳄的抢先建仓。另一些人的温柔感知力特别弱，即使太太为他捶胸敲背，女儿为他叠被铺床，也不为所动，该吆喝还是吆喝，该打呼噜还是打呼噜，以至我们根本说不清谁才是温柔者，温柔的标准该如何界定。嫁给诗人的女人似乎必定是温柔的，嫁给莽汉的女人必定是粗线条的，这表明，温柔常常与温柔的施予者无关，温柔来自对温柔的感受。毫不奇怪的是，温柔虽然常预示着善良，两者却没什么关系。十恶不赦的凶犯，常常会被锋利的匕首、汩汩的鲜血所打动，纵火犯也可能被自己放的那把火感动得涕泗交迸（日本人三岛由纪夫在长篇小说《金阁寺》里就表达过这种感受），对妻子体贴入微、百般温柔的日本军人，面对中国的“花姑娘”，也可能立刻禽兽不如。

温柔感的产生，类似神迹，它是不可分析、难以归类的。

一个势利鬼不可能让人觉得慷慨，一个残忍的家伙也不会让人觉得善良，他们充其量只会具备一些艺术上的审美价值。但是，一个凶暴的人却的确可能让人觉得温柔。唉，我们产生温柔之情的途径是不可穷尽的，一首老歌，一次梦中的惊悸，一次伤口结痂过程，还有鬼知道什么样的经历，都可能让人没来由地觉得温柔。反过来我们也就永远说不清，一个人特别温柔，到底是好事还是不祥之兆。

性情

◇ 古希腊德尔斐神庙里的神谕“认识你自己”，国人大多耳熟能详，那座庙里还有另一句神谕，同样值得聆听：“万事切忌极端。”依我看，这话就像是戳着性情中人的脊梁骨说的。

性情中人——一个魅力四射的词，尽管对它的魅惑性，我抱有疑虑。我怀疑，该词的功能主要是表演性的：它可以当礼物使用，当我们意欲讨好某人时，夸他一句“性情中人”，功效约等价于两条中华烟；它也可以当化妆品来用，当某个家伙向他人暗示自己系“性情中人”时，他会觉得脸上凭空多出一道璀璨釉彩，而掌声也将为他响起来。

“性情中人”四字不知由谁最先发明，但我肯定，该词进入公共视野并得到世人认可，专拜新派武侠小说之赐。在金庸等人笔下，“性情中人”专指那些敢爱敢恨、特立独行、蔑视礼法、快意恩仇的侠客大盗，不用说，他们还个个拥有绝世武艺，让人觉得，一个人业务不过硬，“性情”也将不足挂齿。在《笑傲江湖》里，主人公令狐冲身患不治之症，杀人名医平一指束手无策。平大夫对令狐冲的劝告是，守住“戒酒、戒色、戒斗”这三戒，还有望在人间苟活几年。令狐冲傲然答道：“人生在世，会当畅情适意。连酒也不能喝，女人不能想，人家欺到头上不能还手，还做甚么人？不如及早死了来得爽快。”——这段独白，正可视为性情中人的行业规范语。

这样的性情中人，自然人见人爱，佛见佛喜。何况，他们只是安静地待在小说里，无论杀人越货还是行侠仗义，都无非纸上风流，我们不用担心他们会在生活中踹我们场子、坏朋友好事、劫政府法场，如此，我等对他们的满心喜爱乃至私心倾慕，就可能达到情不自禁的程度。这正是纸上风流的绝妙之处：小说人物因与现实生活阴阳隔绝，再加无巧不巧，我们每个人又都有大把大把的郁闷或愁烦需要宣泄，而把宣泄之欲交由令狐冲们代劳，不失为一个现成方案。一名具有性情中人特质的小说人物，乃是我们人类的情感邮差，我们把自己无法兑现的雄心、无人寄托的情感，郑重托付给他们，以便回过神来，不哼不哈地应付日常生活中的柴米油盐。

可见，所谓性情中人，原是艺术家们虚构出来的一种艺术性格，它难以落到实处。我们欣赏性情中人，也许与我们欣赏大闹天宫的孙猴相仿：并非我们想做那只猴子，而是孙猴的举动实在叫人痛快。

在现实生活中，一个人一旦被恭维成性情中人，这家伙拥有如下可爱秉性，便不在话下了：潇洒、豪迈、磊落、真诚、率真、慷慨等等。好事还没完，诸如下列不良秉性，也被认为与这家伙绝缘了：虚伪、奸诈、吝啬、嫉妒、卑鄙、阴险等等，一句话，美德占尽，劣迹撇光。要说世上真有称得上无上美事的玩意儿，自称性情中人，当属其一。但是且慢，你若拿黑旋风李逵与上述标准对照一下，你会发现，李逵先生比任何人都更符合性情中人的定义。

这便有些不妙了。我对那些惯以“性情中人”自矜自夸的家伙常怀警惕乃至反感，初因在此。我坚信，这拨“性情中人”的招摇者，决不愿意与李逵沾上关系的，他们心心念念的乃是侠客风、名士气。

退一步说，我以为应该给性情中人划定一个范围，比如限制在与朋友或家人交往之中。对于从事个体创造的人士，他也理应充分发挥自己“性情中人”的本性，而在除此之外的场合，张扬“性情中人”的风范，不仅予人唐突之感，还可能掩饰了自己责任意识缺乏的本质，而后者，中国人从来没有富余过。与性情中人相关的一个词叫“至情至性”，依照这两个词发散出炫人光亮，推到极致，便可能倡导一种张扬、放纵的生活美学，在这种美学的履带下，类似责任、义务和权利（尤其是他人的权利），就可能被辗为齑粉了。审美的光环遮掩了一切，而那被遮掩的，恰恰是我们最不该遮掩住的东西。一个充满责任意识的性情中人，无论字面上还是字面外，都难以想象。而责任意识的缺乏，从做人的角度看，对谁都意味着最大的失败。

古希腊德尔斐神庙里的神谕“认识你自己”，国人大多耳熟能详，那座庙里还有另一句神谕，同样值得聆听：“万事切忌极端。”依我看，这话就像是戳着性情中人的脊梁骨说的。

贤惠

◇ 贤惠是一种强制性的品质，该品质一旦得到鼓励和放纵，必然意味着属于女人的别种性情气质遭到全方位的剥夺和围剿。

这是一种我们都听说过的性格，其真确性却大可怀疑。首先，贤惠具有明显的装饰意味，它像模特儿摆出的姿势，目的主要在于取悦婆婆“横挑鼻子竖挑眼”的嫉妒，压制公公“道是无情却有情”的乱伦欲望，平衡邻里的掂斤播两，抚慰丈夫的心猿意马。其次，贤惠只是一整套符合传统伦理规范（如“三从四德”）的仪式性行为，与自发的心理无关。女人是在获知或习得贤惠是怎么回事后，才逐渐贤惠起来的，贤惠未必是她性格的自然走势。第三，贤惠实际上成了对人性的嫁接整枝术，就像“三寸金莲”乃是对人体的“整枝术”一样，它像一株呈全悬崖造型的盆景，在赢得人们啧啧赞叹的同时，也在咀嚼自身的痛苦。最后，正因为贤惠多出自被迫，贤惠的小媳妇日后发展成凶恶的婆婆，几乎成了自然规律。

从天真烂漫的傻丫头到低眉下气的小媳妇，再到挑剔凶悍的恶婆婆，这一在传统女性中最为常见的生命流程，当然不可能悉由天性的正当发展所形成，而只能从社会压抑的角度去理解。当婆婆们向邻居夸说自己的媳妇如何温良恭俭让时，也许她正关起房门抡起扫帚对着小丈夫大发着雌威呐。

一个贤惠的媳妇，同时又特别容易变成所谓“河东狮吼”的悍妇，这道理并不难解：如果她没有被强制按照“贤惠”的标准说话行事，她本来也不至于萌发狮子的冲动，发出那么大的怒吼。贤惠是对人性的强制性拗转，该拗转一旦成功，人性就偏离了常态轨道，这就什么事情都可能发生了，“河东狮吼”，不过小菜一碟而已。

可见，严格地说“贤惠”同样不是性格，而只是一种让婆婆们瞧着特别顺眼的东西，正如低头哈腰永远会让昏庸的领导瞧着舒坦。领导或君王越昏庸，他的部下或臣子也必然越擅长胁肩俯首；男性对“第二性”的强权越是凶暴，“第二性”的“贤惠”品质也就越容易被催生。“贤惠”当然也不乏审美价值，就像人工培育的花有可能比自然状态下的花更耐欣赏，人工培育的金鱼更有着自然水族难以媲美的惊世美艳一样。然而说到生命力就是另外一回事了，而以降低生命力为代价的美感，至少不会使我动心，就像比绝大多数女人都要美丽妖媚的“人妖”，不会使我触动。“贤惠”，恰是性格领域的“人妖”。——金鱼巨大的眼睛，有可能是被眼泪泡大的，在贤惠女的言行举止深处，我们也能看出其中的莹莹泪光。若我们撇开从文学或影视作品中看到的那种贤惠女子（她们常常被势利的男性目光不负责任地赋予了过多美感和风情），就应该想到，一个走向贤惠的女人，不仅命运凄惨，还可能十足乏味。

贤惠是一种强制性的品质，该品质一旦得到鼓励和放纵，必然意味着属于女人的别种性情气质遭到全方位的剥夺和围剿。

虽然我对“女汉子”风格的当代辣妹完全没有欣赏能力，但我知道得很清楚，这只是审美习惯问题，也是传统审美意识在人心中的孑遗。一名传统习俗的批判者，往往也是传统习俗的带菌者，且不说他还可能是该习俗的获益者，我得慢慢克服才是。不容置疑的是，“贤惠”作为一种纯东方家族式的性格伪型，现已有淡出社会的趋势。我愿为这一种群的消失大声喝彩。请你相信，消灭蟑螂也不至于使我这般欢快。

一个理想的社会，应该让女人自由地做她的女人，让男人自由地做他的男人。女人有很多种，“贤惠”不妨是其中一种，只要她并非出自胁迫；正如男人也有无数种，“娘娘腔”也有权混迹其中，只要他不怕找不到媳妇。究竟如何是好，上帝自会协调。

炫耀

◇ 炫耀不是一种可以轻易改掉的习惯，它是心理上的癌。一个终于摆脱窘迫处境的暴发户和一个作品老是得不到发表的诗人，几乎必然产生炫耀的冲动。

虚荣就像爱情，具有强烈的表达欲。表达虚荣心的方式众多，有人依靠嫉妒，有人凭借沉默，有人选择默默苦干，有人则直来直去地仰仗炫耀。虚荣之于人心，好似铁锥之于麻袋，捅破它是必然的。区别在于选择何种方式捅破它。炫耀是最直接、最能让虚荣心得到满足的方式，也是最不假思索就会付诸实施的一种。

炫耀，简单地说，这是我愿意为之佩戴黑纱的品行。因为，炫耀虽然有个说得过去的出发点，作为一种心理也无甚难解之处，但从手段上考察，它是最拙劣的，以至我们不清楚它到底算一种喜剧性格还是悲剧性格。炫耀者盘马弯弓地拉开架势，一箭射出，内心期待着满堂喝彩，却不提防听到了几声奚落，几下嘲讽，或几声零落得完全构不成敬意的巴掌相击。

炫耀较有希望在低级层次获得成功。如果某人确实有钱，确实美貌，确实具有出众的口才，那就炫耀吧，他的自我吹嘘、自我展示总会得到局部成功。但正如获胜的雄鸡也会被扯落几片羽毛一样，借助炫耀赢得的成功，偿付的代价也非常可观。通常，别人在承认他的财富、美貌和口才的同时，也会顺手剥夺掉他本来多少有一点的别种美德。世人心照不宣地认为，诸如谦虚、诚实、正直等品质，是无须炫耀的，一旦炫耀反而会让人顿生疑虑的。炫耀财富即使可行，炫耀美德则缺乏胜算。炫耀财富可以赢得别人的羡慕（更多的是怨恨），炫耀美德则未必能收获别人的敬意，那相当于在一个对己不利的地方布下重兵，摆下战场。对自身能力的炫耀，也有较大风险。当然，如果阁下确实才华横溢，天赋惊世，换言之，若世人与你相比差距太明显，以至你的自然状态都比他人的非常状态出众得多，这时的炫耀就另当别论了，正如没有人指责莎士比亚喜欢炫耀一样。当马拉多纳在足球场上盘腿过人时，人们感到的不是这小子又在炫耀了，而是产生了巨大的兴奋感。

吁求人世间的理解和尊敬，构成炫耀的原始出发点。炫耀者不愿理会“沉默是金，雄辩是银”的格言，他既看不到沉默具有的反弹力，也就认定每一次沉默都是机会的丧失。严格地说，它属于那种不断追加赌注的赌徒心理，希冀在最后关头获得一手遮天的胜利。清夜扪心之际，那些白日的炫耀者大抵非常沮丧，这份沮丧只有在预料到白日炫耀的负面效应时才显得合理，尽管事情完全不是这样，一觉醒来他依旧生命不息，炫耀不止。炫耀不是一种可以轻易改掉的习惯，它是心理上的癌。一个终于摆脱窘迫处境的暴发户和一个作品老是得不到发表的诗人，几乎必然产生炫耀的冲动。

年轻女人较容易被看成虚荣者，这当然是一个经验事实。但稍加观察就会发现，年轻女人的虚荣成就有限，领域更是相当狭窄，百分之九十都与容貌有关，剩下的百分之十，则与丈夫、儿女有关。当然，女人三十过后，尤其四十过后，上述比例也可能颠倒过来。男人对此没有必要持批评态度，女人在美丽领域的虚荣，不会使世界变得丑陋，只会使大街充满霓裳丽人。真正可怕的是男人的虚荣，它领域广泛，讲究技巧，个别情况下还带有攻击性。当虚荣与膨胀的野心、权力欲结合在一起，常常意味着灾难。

炫耀通常在大庭广众间进行，它强烈要求看客的介入，但亦可视具体情况而定。作家在写作时有可能充满炫耀欲，眼前却无看客，看客只存在于他的想象中。最有趣的是网络时代的黑客，据说他们都是些十四五岁的少年，天性纯良，技艺精湛，他们“黑”掉某个网站，往往没有歹念，只剩下对技艺的炫耀。然而谁在为他喝彩呢？他连名字都没留下呀。——这说明，有人在炫耀时，就准备自己给自己鼓掌，而且听自己的掌声，他觉得同样带劲。

人生在世，不就是为了赢得几下他人的掌声？炫耀的冲动，人人有份。优秀者的标志是，永远不会拿外在东西作为评判之本和炫耀之资，意志薄弱之徒必难以割舍，包括种族、地域、肤色、出身及各种属于运气的东西，比如，一个炫耀自己获得一份可观遗产的家伙，必一无足取。

虚荣

◇ 和嫉妒一样，虚荣也是我们免不了都有一点的品质；和嫉妒一样，虚荣也是我们竭力否认的品质。把自己排除在不良品质之外，是人的共性。

我有过十多年的教师经历，自打 21 岁离开大学校门，到 36 岁辞职在家写作之前，一直在学校里工作，也理所当然地一直被人以“老师”相称。可能是“得来全不费功夫”的缘故，我对内嵌于“老师”一词中的荣誉感，茫无所察，只是简单地把它理解为一种职业，就像“律师”或“木匠”那样。十年前我去居住地房管所办事，发现其中的办事员彼此都以“老师”相称，大感别扭。不多久我就见怪不怪了，谁都知道，“老师”的称呼早已在社会上泛滥成灾，今天，不仅文艺界有此爱好，企业界（尤其是房地产界）也是动辄以“老师”呼朋引类。——人心的虚荣，正得到社会的大肆纵容。我们的媒体尤其喜欢以清仓大甩卖的方式，使用“著名作家”、“国际影星”、“艺术大师”之类的称号。

日本人敬语很多，称呼一花一树木，一果一菜蔬，都得前置一个敬语，以示尊崇。按说他们应该比我们更喜欢纵容人心的虚荣，但是，如果你在日本某大学（更别提银行或房地产界了）称某位行政人员为“先生”（意即“老师”），他的第一反应是脸红，第二反应有可能纠正你的称呼。至于是否有第三反应“窃喜”，我不得而知。想必没有。

和嫉妒一样，虚荣也是我们免不了都有一点的品质；和嫉妒一样，虚荣也是我们竭力否认的品质。把自己排除在不良品质之外，是人的共性。这件事当然有利有弊，好处在于，它表明了人类可贵的趋善避恶倾向；弊端在于，它又同时表明，人是多么不擅长了解自我。“每个人和他自己之间的距离是最远的”，这话是尼采说的。所以，人最难做到的，就是“认识你自己”，这话是苏格拉底说的。

虚荣，顾名思义，是虚假的荣（名）誉。它既体现了人类对荣誉的追求，又表明人类有一种对荣誉的强烈占有欲。这事儿正邪参半，优劣难分。通常，一个人某方面的欲求越强烈，他的虚荣也就越突出。一个人某方面的能耐越优秀，他该方面的虚荣也就越能得到平抑。以中国的房地产大亨为例，众所周知，在他们刚刚出道还没混出多少人样的时候，他们喜欢被人称为“老板”的，当时“老板”的称呼还带点港台味，当时“港台味”还很吃香，但现在，随着他们一个个钱包塞得鼓鼓的，私车一年数换，豪宅不计其数，“老板”的称呼对他们已经不构成敬意了，他们甚至觉得是一种亵渎，“老师”遂应运而生。在今日中国，大概只有街头小贩才会在乎别人称他为“老板”。可不，我们丢人现眼的行为，往往就出现在对不实之誉的攫取之中。

依据这个说法，我们也可顺手获得一种方便的观人法：一个人对某种称呼的计较程度，总是能够暴露出他虚荣的领域。虚荣心在该领域的盛衰消长，又像温度计那样，准确反映出他的现状。他不喜欢别人称他

“老板”，说明随着钱袋的增长，他当年的暴发户心态已经得到了克服，他攒钱的事业干得不坏。他喜欢别人称他“老师”了，说明他知识方面的自卑正在抬头，那里，既是他的痛处，又是他的痒处。一旦他具备了知识上的自信，部下们再当面称他为“老师”，就未必收到当初那样的奇效了。我们相信，大学者陈寅恪不会介意别人是否称他为“教授”，只有那些被称为“教授”而不去纠正的“副教授”们，才是真正的介意者。他可能还会感谢别人故意漏掉那个“副”字呢。

虚荣可以推动我们前进，如果我们的虚荣心能不断提升档次的话。相比较而言，女人在美丽方面的虚荣，就颇为可虑了，因为女人的美色明显不可能随着年龄递增。如果她拒绝自我调整，美貌每况愈下，虚荣勇猛精进，结果只能是无尽的苦恼了。

“啊，虚荣心！你就是阿基米德想用以撬起地球的那根杠杆。”这话是俄罗斯青年诗人莱蒙托夫说的。文艺复兴时期的荷兰哲人伊拉斯谟表达了相反的意见，但同样值得倾听，他说，“虚荣是最迷人的海妖”。“海妖”即希腊神话中的塞壬，传闻她会让听到其美妙歌声的水手死得很难看。

虚伪

◇ 人际间的学问悉在“分寸”二字，虚伪亦然，一个人或一件事是否算得虚伪，往往只有毫厘之差。守住限度，即为知礼，稍稍越界，辄成虚伪。

诚实需要勇气，撒谎需要胆量，奸诈更需要胆识，至于区区虚伪，需要的可能只是一点礼数。

人际间的学问悉在“分寸”二字，虚伪亦然，一个人或一件事是否算得虚伪，往往只有毫厘之差。守住限度，即为知礼，稍稍越界，辄成虚伪。就我国风俗而论，主人邀客，摆下丰盛宴席，略言“薄酒小菜，不成敬意”，诚属风雅；迭言“粗茶淡酒，大为简慢”，辄成虚伪。客人赴席，觉主人准备不足，菜次酒劣，烹调无方，稍谓“这样最好，多了也浪费”，应属知趣，反复声明“千万别添菜了，难道你想把我撑死”，顿觉话里有话，弦外藏音。

可见，一定的虚伪，诚属文明的题中应有之义。西方人见人打喷嚏辄提“上帝保佑”，男人见小姐掰烟必殷勤举火，地道的绅士闻女士放屁还须勇于担待，对于不解此中趣的东方人，则实在虚伪得很。同样，西方人对于中国人之打躬作揖，分明当之无愧却必言“岂敢岂敢”，分明功绩显赫却连称“哪里哪里”，大概也会觉得虚伪，虽然被指责者无非是麻木地按照某种既定文化程序行事罢了。西人送礼，受礼者必当场打开，当场表达欢喜之情，哪怕内心并无丝毫欢欣。国人受礼，虽客套话说得风车乱转滴水不漏，你推我让常达三五回合，通常又是绝不肯当场验货的。西人的风俗固然光明坦荡，诚实可喜，我们自己的风俗却也未必一派虚伪鄙陋：我们也许太过担心被人指责为贪婪了。当然，我们不当场打开礼物，还有一个第三世界的国情因素值得考虑：原封未动的礼品，非常方便转手送人。国人春节期间络绎不绝的礼尚往来，属于剩余物资大转移性质的，到底占多少比例，也是一个有趣的话题。

于是我们发现，几乎不可能给虚伪下一个定义而不伤及其余。虚伪是一种不真实，如有违实情的情感流露，大乖原意的思想表达，超出能力的口头承诺，张扬过甚的敬意谢忱等，但我们立刻又发现，同样的行为并非都能遭到“虚伪”的指责。医生对弥留者给出不符事实的治愈承诺，甚至得到过苏格拉底的赞许，作家在书的序言里不加节制地感谢张女士李编辑王大师，不仅未受“虚伪”指责，人们还倾向于鼓励他提到更多的人名。当然，个别试图借助频繁提及名人来强化圈子、捆绑责任、逃避批评的家伙不在此列。有些人性好拘礼，他对你大加客套却未必抱有某种不良居心，因此，不管其表现方式让你感到多么过火，他仍然算不得虚伪之徒。虚伪只是他的外在形态而非内在本性，他只是习焉不察地滥用着礼节，并陶然欲醉。

我的看法是，人们提到虚伪，依据的往往不是事实，不是理性，而是个人的刹那感觉。自我感觉良好的家伙，不容易瞧出别人的虚伪，他倾向于认为自己得到别人景仰乃是分内应当之事，人们对他的任何肉麻称颂，都被他老实不客气地接纳为肺腑之言了。相反，一本正经的方正之士又容易矫枉过正地将寻常的客套揖让一概视为虚伪。若撇开这两种极端类型，通常，前倨后恭或前恭后倨——视彼此间的地位升降而定——的行为，最容易让人觉得虚伪。这时的虚伪，已经与礼数无关了，而直接关系到人格。此外，让人对其真意产生疑惑的行为（公式是：明明如何如何，偏要如何如何），也是虚伪的渊薮。这“真意”未必对人有害，却是对自己有利的。比如，明明觊觎着某个宝座，却再三推让，非要下属百般上言，方始蹒跚就位者，最容易让人瞧出虚伪。一推一让，一辞一就，叵测之心掩映在一派风雅礼数之中，虚伪遂峥嵘出世。权力场上的虚伪，与应付日常礼节的虚伪，大异其趣，毛姆曾对前者有过概括：“虚伪是一个人所能寻求的最困难、最刺激神经的恶习，它需要永不间断的警觉和精神的高度集中。它不像通奸或贪食可以在空闲的时间进行，它是需要付出全部时间从事的工作，它还需要一种玩世不恭的幽默。”

不过这仍然有例外。曹操曾想表封手下的首席谋臣荀彧驭为三公，荀彧再三推辞。精于推辞术的曹操以己度人，以为荀君之推让，无非名士虚礼，便不断请求，谁知荀彧一连拒绝了十回，直到曹操彻底放弃。

压抑

◇ 在文明强大的整体性施压下，我们每个具有独特型号的个人，常常是不被过问的。这便是压抑的根源，我们总体上对之无能为力，就像我们作为个体对全球气候转暖也无能为力一样。所以压抑现在早已代替了贫困，成了文明人类的最大苦难。

压抑是性格上的佝偻症，与生理上的佝偻症一样，它是身心长期受到扭曲和重压的结果。

人，就其本义，就其在社会上肩负的使命、在地球上承担的责任而言，命中注定是要背负十字架的。压力不够的人生，不仅不值得羡慕，甚至不值得提倡，生存状态不会比太空舱里的宇航员好多少。何况，对宇航员来说，失重状态是一种特殊压力。严格地说，没有压力的人生是不存在的，人的七情六欲，生老病死的不同阶段，个体发展及社会演变的种种进程，都会以压力形式作用于生命。借用“原罪”术语，我们也可说人是天然要承受种种“原压”的生命。

压抑源自压力，压力又属生命的题中之意，那么，它又是如何形成压抑的呢？我觉得世人在这个问题上存在着严重误区，有必要廓清一下。

人们谈得较多的是压力的轻重，如给书包过沉的小学生减压，给准备培养的青年干部加压等。如果针对身心尚未发育完备的孩子，“轻重”概念是大致正确的，只要不把教科书换成电子读书器就行；倘是针对成人，我以为大可商榷。依我小见，我断定成人世界的压抑与轻重无关，重要的是型号。一旦型号对头，压力愈重，成就愈大。伟大的人生，几乎都是在找准了正确型号的前提下再不断自我加压的过程。

一名在学术上显出不凡才能的青年才俊，在我们国内，常会被眼力差劲的上级强制性地培养成业务领导。或相反，一个在生产第一线显示出某种天赋的小伙子，也会被思维怠惰的领导送去大学深造。用心固然可取，压抑很可能应运而生。道理很简单，和自然界一样，笑傲霜雪的梅花，在艳阳高照的热带雨林反而会丧失生命力；抹香鲸周游大洋，一旦在陆地上搁浅，须臾即一命归西。我们不难发现，对某些人，是工作过重会形成压力，对另一些人，是赋闲在家会产生压抑。举个极端的例子，已故杰出探险家余纯顺壮士，孤身在青藏高原的阿里无人区行走时，面临的野外生存压力之重之苛，超出所有都市白领的想象。他压抑了没有？没有，心灵连点鬼影都没有。但是，试着把他召回出生地上海，给他在某个大公司安排一张写字台，要求他每天上下班时在考勤机上刷卡，在电脑前做报表，嘿，要不了三天，他就压抑了，就憋气胸闷，就每个毛孔都要发出呐喊了。对余纯顺这种型号的人，一张老板递上来的业务报表，构成的生命压力远在十座皑皑雪峰之上。

所以，压抑与压力无关。压抑会摧毁人，压力只会成全人，两者的作用方向截然不同，问题是您得找准喽。真正的渔夫不会被大海击垮，伟大的作家不会受困于创作的艰难，勇敢的猎手嗅到猛兽足迹只会格外兴奋。所以，当你在工作中倍感压抑之际，请先别急着逛什么“新马泰”，打什么高尔夫，那治标不治本，你该先核对、确认自己的压力型号。如属生命型号有误，请赶紧另择良枝，如型号正确而阁下又感到不堪重负，再去放松不迟。

以竞争为特征的现代社会，对压抑症的形成，确实要负主要责任。由于成功的标准被弄得过于僵硬和简单，收入多寡几乎成了优秀的唯一标准，凡是不能像余纯顺那样为自己的生命制订独特游戏规则的成年人，都有可能产生压抑。压抑虽由个体承担，生成机制却是社会性的，它是一种文明性格，其病灶源自当代文明的内在机体。在文明强大的整体性施压下，我们每个具有独特型号的个人，常常是不被过问的。这便是压抑的根源，我们总体上对之无能为力，就像我们作为个体对全球气候转暖也无能为力一样。所以压抑现在早已代替了贫困，成了文明人类的最大苦难。

干一行，爱一行，必有压抑。爱一行，干一行，必有小成。

隐忍

◇ 隐忍似乎已经是我们的一种民族潜意识了，以致我们中一些人常常隐忍得莫名其妙，隐忍得丧失了立场和原则。我以为这才是最可痛心的事情，如果他真有赵高的野心，倒也罢了，他们装孙子的目的偏偏就是为了做孙子。——隐忍到这个份上，除了隐忍，他已经什么都不会了。

以性格而论，“隐忍”似乎很有质感，来头不小。当我们想到它时，眼前浮现的总是些大人物或厉害角色，如三国时的刘备就是“隐忍”的典型。他在曹操眼皮底下效老农种菜时的谦恭，上厕所时偷偷抚摸那两条因久疏战阵而赘肉横生的大腿时发出的浩叹，堪称中华隐忍术的经典范例。中国从秦朝赵高开始扰乱朝廷的那些宦官，也个个擅长隐忍。他们男性气概上的致命缺陷，一旦被施之于宫廷权谋，好像总能提供意外的方便。说话是如此奶声奶气，举止是如此拘谨做作，以致谁都以为可以轻视他们，无视他们，谁都以为可以不把尔等当人看，结果偏偏是他们，经常制造出中国历史上最大的灾难。

在中国，我们可能会心照不宣地承认，想发横财，不坑蒙拐骗不行；想做大野心家，不懂韬光养晦，同样没戏。

但今天，在制作“隐忍”标本时，我想掉转笔尖，暂时从赵高级别的大野心家身上挪开。在我看来，大野心家的隐忍，本是世界范围的共通现象，西方世界同样不乏此辈。“小不忍则乱大谋”虽是一句中国俗话，全世界的权力狂都会把它奉为圭臬。不过，我觉得更有意思也更有必要首先探讨的，无疑是这个事实：在中国，为什么不乏超功利的隐忍者？

此话怎讲？隐忍，通常总有一个目的，你可以说成居心叵测或包藏祸心。以刘备为例，他是身在菜园心在朝廷，此刻躬下去背脊，正为了来日的光复汉室，高踞御座。但如果刘备完全没有那份雄心，就想着自己的自留地，又该如何解释呢？

这种貌似不可思议的事情，在国内却并不少见。中国人信奉“退后一步，海阔天空”、“忍字头上一把刀”，此类格言的泛滥，会制造出种种可悲复可笑的生命行为，其中之一是，在国内我们经常会遇到些目的不明、价值可疑的隐忍。一个人，可以像最深不可测的野心家那样，数十年如一日地点头哈腰，在小科长面前都把谦恭进行到底，以致小科长都快要怀疑这家伙居心何在了，到头来却发现，他竟然全无居心。他隐忍得如此惊心动魄，至陋至贱，似乎只有一个天大的阴谋才配得上这份隐忍的规模，结果，闷葫芦揭晓后，他所谓“天大的阴谋”无非是保住饭碗，按时领到退休金。手段如此不同寻常，目标又如此不足挂齿，从功利角度考虑，即使用高射炮打蚊子，也比他经济得多。

所以，我只能说这种隐忍是超功利的。——超功利云云，当然只是碍于我的理解力，也许对他来说，在小科长面前的曲意逢迎，与古代大臣在皇上面前的小步疾走，根本就是一回事，功利大得很呐。一个本不足道的寻常岗位，在他眼里不亚于一座帝国江山，值得用隐忍的方式去捍卫。

更可能的实情是，我们民族中存在着一种习惯成自然的隐忍。我们知道，西方世界不太容易产生中国式奴才（美国哲人爱默生说过："无论要做什么样的人，决不能做一个顺民。"），我们在电影中经常看到，西方大户人家的管家先生（想想安东尼·霍普金斯演的那些角色，或电影《蝴蝶梦》中的丹佛斯太太吧）走路往往高视阔步，与主人说话时，甚至有居高临下之势。在他们的思维里，尊严不是筹码，而是人的基本立场。当人的尊严可以无须呼唤地存在于每位个体身上时，隐忍也就无立锥之地了，即使忍耐（谁都会有忍耐的时候，西方人也不例外），也不妨昂起头来忍耐，不必低眉下气。

然而，隐忍似乎已经是我们的一种民族潜意识了，以致我们中一些人常常隐忍得莫名其妙，隐忍得丧失了立场和原则。我以为这才是最可痛心的事情，如果他真有赵高的野心，倒也罢了，他们装孙子的目的偏偏就是为了做孙子。——隐忍到这个份上，除了隐忍，他已经什么都不会了。

勇敢

◇ 勇敢，现在成了审美性的东西。但因为审美需要才生产出的勇敢，与因为勇敢才产生的审美功能，不宜混为一谈。

我不清楚自己是否勇敢，我发现，作为一种标准或评价体系的勇敢，目前处于混乱和瘫痪之中，所以我同样无从判断自己是否怯懦。

在地球的某些地方，由于恶劣的自然条件或战争因素，人们或许依旧需要一种古典好汉式的勇敢。但在地球的大部分地区，包括本人生活的城市里，一个所谓的成功之士，可以无须多少英雄气概就赚很多的钱，收获大量的荣誉。我们的文明对一个人是否勇敢，似乎已放弃要求。在今天，一点死乞白赖的推销技能，较之好汉武松的英武气质，更能赢得他人的尊敬，也更能让他体会成功人士的甜蜜感觉。比如，在比尔·盖茨肯定无比优异的素质谱系里，我从未听人提及他的勇敢。这不等于盖茨先生不够勇敢，而只是说，即使他非常勇敢，也与他创立的微软帝国无甚关系。已故苹果公司总裁乔布斯也是如此。

拜和平与时代进步之赐，作为男子汉基石的勇敢，开始松动了。

勇敢，至少那种我们习以为常的好汉型勇敢，在时代的名利场上，已经成了可有可无的东西，甚至，一种讨嫌的素质。我们出游时不必提着三尺剑，偶尔遇到危险，也只要记得拨打“110”就行。随着社会整体文明程度的提高和法制的日益完善，警察理应承担维持社会秩序之责，甚至个人“路见不平，拔刀相助”的侠义道行为（更别提“为朋友两肋插刀”的黑道行径了），都可能触犯法律。在舒适的写字楼里办公的白领职员，即使工作压力很大，每年的业务指标高得吓人，他也不觉得有“野蛮其体魄”的要求。

如果只想着好好生活，那么，除非撞上不期而遇的大霉，不然，我们无须勇敢也能过好日子。今天，只有那些天性不安分的人，如战地记者或探险家，才可能需要那种古典勇敢；只有一些特殊情势下的政治家，如面临“911”大灾难的美国总统，或遭到以色列军警围困的阿拉法特，才有机会表演一下英雄气概。那些喜欢竞技体育的人，偶尔也会遇到古典好汉的考验，如足球运动员在对方罚任意球时充当人墙，就需要借助勇敢。他必须勇敢地站着，他知道对方下脚肯定不会留情，自己是否会因此站不起来，也只有天晓得。但此时，他仍然无畏地站着，充当人体盾牌。——但是，在充分肯定他们的勇敢气质之余，我们还不得不以小人之心同时兼顾到他们薪水丰厚的事实，他们是否属于“重赏之下”才可能存在的“勇夫”，至少也得掂量一下。如果你只是电视机前的球迷，或热衷于在手提电脑上玩玩足球游戏的青年，则这份“掂量”也可省去，因为你完全不必用手捂住裆部，你只要施展手指上的技能就行了。衡量你是否优秀的标准，不是勇敢，而是技艺，一种与勇敢无关的技艺。

于是，勇敢逐渐沦落为一种观赏性的东西，它更多地由演员加以体现。

勇敢也可以时尚化，比如，一种名叫“酷”的形体语言，八成已经全面置换掉了原本属于勇敢的内核。酷，是一种姿态、扮相或造型。勇敢之惨遭歪曲，在“酷”风劲吹的当代社会里，也就毫不足怪了。比如电视广告里又见到那个胡子拉碴的家伙，穿一身劲装，在豪华地毯上迈着布须曼人的野性步伐，再猛一转身，露出一只蟹青色下巴，两只借助绘图软件润饰得熠熠生辉的眼睛，放射出一道也许连猛士荆轲都不敢逼视的光芒。他在干啥呢？不正在做剃须刀广告吗？

勇敢，现在成了审美性的东西。但因为审美需要才生产出的勇敢，与因为勇敢才产生的审美功能，不宜混为一谈。

勇敢并未离文明人而去，在21世纪的今天，即使回味纪元前孔子的话，也不无益处。众所周知，尚勇的孔子并未因弟子子路的好勇斗狠而对他刮目相看，相反，他强调“知耻近乎勇”。我从中得到的启示是，在现代社会，我们应调整对勇敢的理解，在断然舍弃好汉型勇敢的同时，强调并注重内在的勇气。比如，做一个知耻的人，诚实的人，善于承认错误的人，助人为乐的人，在民风浇漓之世，所需的勇气，并不在武松打虎之下。

幽默

◇ 幽默的人，特别擅长不好意思，通常情况下，幽默源自一种心智上的害羞。

幽默，是严肃的事。严肃的人未必能幽上一默，幽默的人肯定都很严肃。当然，严肃并非脸上的活计，不苟言笑也非严肃的专利表情。

鄙见以为，幽默的人，特别擅长不好意思，通常情况下，幽默源自一种心智上的害羞。有些人羞于让自己过于智慧才幽默，有些人怯于让自己过于愚蠢才幽默，有些人不忍让自己太勇敢才幽默，有些人唯恐自己太精明才幽默，有些人是避免让自己陷入难堪而幽默，有些人则可能是缺乏做庸人的勇气才幽默。——对平庸之辈，做出头鸟需要勇气；对精英之士，自甘庸碌需要更大的勇气。比如，钱钟书妙语连珠，说俏皮话比我说傻话还容易，就未必是因为充满幽默激情，倒更可能是出于对陈词滥调的先天恐惧。这份恐惧，当不在我辈对蛇蝎的恐惧之下。当然，那些除了流行语汇什么也不会说的家伙，则可能存在一种对于清新之物的恐惧，类似花草过敏症。

幽默的人，脸皮特薄。这是幽默家与油嘴滑舌之徒的显著区别。油滑之辈可以把从别人那里听到的笑话或荤段子在酒席上复述二十来遍，上海一位滑稽戏表演者整天在舞台上将网络笑话当成自家原创，且永远脸不变色，幽默之士就没这份胆量。

在我们国家，作为精神文明建设的一项习惯性举措，常会请一些先进人物走上大讲台，亲自向别人介绍自己的先进事迹。这类报告会，据说常能极大地鼓舞人心，振奋精神。拿我来说，每次听报告，都会被感动得晕晕乎乎，心脏像个达到沸点的咖啡壶，在左乳下方不要命地瞎翻腾。但翻腾过后，我偶尔也会犯嘀咕。我觉得，这件事本身——即在大庭广众面前声泪俱下地介绍自己的光荣事迹——较之他们曾经有过的任何英雄举动，都更具超人胆量。那需要何等惊人的胆识。如果中国社科院出面，请钱钟书在人民大会堂里给广大知识分子作报告，介绍自己的读书心得，我敢打赌，他没这胆量。如果全国妇联出面，请鲁迅在中华世纪坛向全国人民作报告，介绍自己是如何“俯首甘为孺子牛”、如何“吃的是草，挤出的是奶”的，我觉得素以“骨头最硬”著称的鲁迅也会吓得两腿打战，不仅不敢来，说不定还要申请避难。如果中国作协领导出面，请王小波在作协代表大会上向全体会员介绍自己成长为“文坛外高手”的感人事迹，我估计老在文章里吹嘘自己是一条“雄壮大汉”的王小波先生，也会吓得四肢酥软，半晌才挣扎着爬起身，向远在上海的鄙人发出一封插着鸡毛标志的“伊妹儿”：“嗨，哥们儿，帮我到老中医那儿打听一下，我需要弄一副哑药，十万火急……”

幽默气质与喜剧人格，属于“同乎哉，不同也”的两大领域，两者不仅形似而神不似，甚至还会互相抑制。换句话说，一个人幽默气质越浓，越不容易形成喜剧人格，而一个人喜剧人格越浓，幽默气质也就越容易遭到扼杀。结果成了这样，最幽默的人物，恰恰是最缺乏喜剧人格的，而那些连后脑勺都有本事扮鬼脸的喜剧明星呢？说来你别不信，也可能是最缺乏幽默气质的。——幽默与喜剧，路径完全不同，凡是有助于一个人成为笑星的种种招数，几乎也都会对他的幽默气质构成妨碍。如果有位幽默家出了车祸，急需输血，而边上只有一位耍猴者（姑且假设就是王小波文章里提到过的那位“为了繁荣社会主义文化，满足大家的精神需求，现在给大家耍场猴戏”的趣爷）有条件提供血液。我估摸结果是这样：幽默家礼数周到地拒绝了耍猴艺人的好意，转而对他肩上那只猴子打起了主意。当然，他会考虑向这只猴子开张借条……喜剧人格与幽默气质，血液都是不同的，一旦融汇，受惠方很可能立马岔了气，崩了筋。

幽默与喜剧都能使人发笑，这不假，但区别是，让人发笑是喜剧给自己下的死命令，没有讨价还价的余地。而幽默之让人发笑，只是一个附加目的，甚至可有可无。真正的幽默家永远不是戏子，幽默还不妨是苦涩的、带泪的微笑，较之轻松的欢笑，常常更能见出幽默的品位。喜剧必须附带商业利益，幽默则无视商业利益。

没有幽默感也无所谓，幽默感在中国历来中看不中用。幽默不会帮你搂钱，在政客无须直接面对选民、无须与竞争者进行公开辩论的中国式官场，幽默也不会让人官运亨通。诸位试着想想，中国从古到今的父母官，有几位是充满幽默感的？当然，他们竭力装出一副具有幽默感的样子，则当别论。

英国作家查尔斯·兰姆，公认有一支超级幽默的妙笔，其文字均可当成幽默的无上范本，但正是他，为了照顾患有精神病的姐姐，放弃婚娶，长期与姐姐相依为命，身上每一个毛孔都与绯闻绝缘（后人只在他的某本藏书里，发现一封早年致某女演员的信，也许这封信还从未寄出过）。

是的，幽默家都是严肃的，兰姆还过于严肃了。

友情

◇ 真正的朋友，大多得之以情，生之以趣，合之以理，聚之以气。大致上，一个对朋友更多理解的人，也是一个友情体验更为丰富的人。

朋友这个词，像月亮，具有永恒的古典和高贵。不过，我们若把朋友仰望成月亮，又会昧于朋友之道。

鲁迅说："人生得一知己足矣。"潜台词是：对绝大多数人来说，人生没有知己可言。得到知己乃生命奇遇，得不到知己属人生常态，不当以失败视之。知晓这一层，在日常生活中不将某位好友轻易擢升为知己，就不失为明智了。对于性喜将自己视为他人知己的家伙，先人还特地发明了一个词加以奚落，叫"谬托知己"。知己是一种缘，正如"众里寻他千百度，蓦然回首，那人却在灯火阑珊处"也是一种缘，从生成原理上讲，两种缘分性质迥异，由于前者缺乏后者的生理引力，实际上要稀罕得多。以知己标准厚望于人，只会造成如下结果：要么使你频感失望，要么迫使朋友落荒而逃。是的，放弃以知己之道待友，我视为交友的一项原则。

这么说好像有点扫兴，但我接着还要强调另一面：朋友务必珍视。我觉得，以稍许上抬的眼光看待朋友，颇为可取。精确到角度，则以视线抬高 15 度最为适宜。这个分寸很重要，过高显得生疏、生分，毕竟，除了自命不凡的狂徒，没有人会整天心安理得地面对他人的仰望；但视线过低又会降低交往品位，令君子之交降格为酒肉之徒。莱蒙托夫说过：“在两个朋友中总有一个是对方的奴隶，尽管两个人谁也不承认这一点。”我们不该忘记，诗人说这话时只有 22 岁，对朋友的理解恐怕不乏愤世嫉俗之处，不应信以为真。但是，若对朋友仰望或屈从过度，的确会使友情扭曲。朋友间位居首要的平等原则一旦遭到破坏，真挚的友情即不复存在，而是转化成形形色色的社会关系了。

诚然，朋友妙在亲密无间，随兴随缘，嬉笑怒骂，无不相得，但此种境界与其说得自生活，不如说得自书本和我们的祈愿，不是谁都学得来，谁都撞得上的，我觉得它更像一种具有艺术情调的高人境界。话说回来，越是注重自我、追求格调的作家和艺术家，翻起脸来也越是激烈、频繁，其中原因也简单：追求与苛求，不过一步之遥，好比理解和宽容，亦仅一墙之隔。我们不能只记住伯牙子期的高山流水就忘记了“管宁割席”。

朋友一词，可高可低，故看重与看淡它——不是看低它——几乎同等重要。在理应看重之时绝不看轻，在不必看重之时（比如朋友间因工作、处境等原因而有所疏远）姑且看淡，不失为一碗有用的“心灵鸡汤”。朋友，简单地说就是用来“相处”的。你用什么方式对待朋友，你就会得到什么朋友；你对待朋友的态度，总是屡试不爽地彰显出你的精神品位和生活质量。朋友间互相帮助，自属天经地义，但老是从“是否有利可图”的角度琢磨朋友，则利聚而至、利尽而散的命运，也在所难逃。

贪官们即使没有受到法办,他们退位后门可罗雀的境遇,与在位时每天“笙歌归院落，灯火下楼台”的场面所构成的残酷反差，也足够惩罚他们的寂寞老怀了。

在我看来，世上最可笑的，就是整天埋怨朋友不忠不义的人。如果朋友老是对他“不忠不义”，我几乎可以肯定，那是因为他原本不配进入友情的忠义堂。朋友对你的方式，往往就是你对待朋友方式的准确反应。朋友是自己的镜子：算计他人者，必遭他人算计；以大爷之气待人者，别人逮着机会就会在他面前耍一回大爷；在朋友面前整天一副谄媚相，被别人轻视也就不要呼天抢地了。反过来，“以诚待人”、“将心比心”这类金玉良言，再怎么重复也不会成为滥调，就像我们天天盯着月亮看，月亮也不会变得俗气。

作为社交的动物，热爱朋友，乃是我们共同的性格，就像厌恶孤独，也是我们共同的体会。真正的朋友，大多得之以情，生之以趣，合之以理，聚之以气。大致上，一个对朋友更多理解的人，也是一个友情体验更为丰富的人。

迂腐

◇ 他们除了圣贤，做什么都嫌掉价。圣贤既遥不可攀，他们的身子只能挂在半空，表演出种种可笑的失重形态。他们是千年古国特地培养出的无常怪物，袍袖里空无一物，却整天甩得猎猎生风。

感谢鲁迅先生，一想到“迂腐”，我们耳边就会回响起“多乎哉，不多也”的声调，想起那位知道“茴”字有四种写法的绍兴穷秀才以及他祥林嫂般的苦命。“迂腐”和“贞烈”一样，是中国文化特地熏陶出的两种病态性格，孔乙己的下场和旧中国四处可见的贞节坊，说明了这两种性格的悲剧性，它们分别由男人和女人来扮演。

迂腐，多有意思的词，那个“迂”字，曲尽其妙；那个“腐”字，道尽其质。

由于中国传统文化染有“绝圣弃智”色彩，在传统经典中浸淫已久，一个天资颖慧的读书人，都有可能被十年寒窗弄得痴痴呆呆，遇上中人之资，“迂腐”几乎成了他饱读诗书的必然结果。他们满脑子利禄功名，思想的范围不出程朱理学的院子，因而虽然嘴上念念有词，心底却不具备思想者的品质和热望。他们的学问是以学代问，学而不问；他们的思考是以考代思，考而不思。孔孟思想（尤其是四书五经）成了他们的先验标高，对这些思想的臣服成了他们的最大追求，对构成上述思想之文字一字不差地记诵也成为他们最基本的课业。他们生活在亚细亚小农经济的世态格局中，周遭是艰窘困败的日常生计，眼前是缺米少柴的家常境遇，手无缚鸡之力，身无一匠之能，却一屋不扫，满脑子“修身齐家治国平天下”的无上宏愿。他们被强制灌输了过高、过大、过苛的生命抱负，以致其中任何一个家伙都会不切实际地提升自己的人生追求，都会将仅仅成为一位县太爷视为人生的失败。与此同时，他们受教育的内容和方式，又是以使自己不具备现实能耐为特征的。简而言之，他们是浑然不觉地被某种“废物”模式培养出来的人间怪物，虽然生活在乡村僻壤，却既不会宰牛，也不会插秧，更要命的是，他们还被“一条道走到黑”地培养出对现实生计的不屑态度，即使饥火烧肠，仍不忘昂起公鸡粗细的脖子，向天高叫。他们仿佛接种了中国传统文化的牛痘，该牛痘有效地预防了他们在世俗层面成为有用之人的途径，以致当他们以“安贫乐道”自欺自慰时，事实上已经失去了转道他投的能力。换句话说，“安贫乐道”成了他们心理上的强迫症。当向上发展的空间由于资质、环境或运气的原因而不复存在时，横向发展的途径也随之消失，他们一旦无法如期成为“人上人”，就必然沦为连乡村小孩子都会追着打闹的“人下人”。

于是我们看到，这批资质平庸的读书郎，虽然满脑子“诗云子曰”，虽然自以为比所有人都更为斯文，更为正经，事实上却成为一种特殊形态的游手好闲之徒。一件长衫从春穿到秋，一把破扇从夏摇到冬，肚里一把诗虫，身上爬满臭虫。除了在某些乡绅家里课读几班顽童，再没有别种混饭吃的能耐，像孔乙己般潦倒，几乎是这班可怜鬼的必由之路。他们成了一种特殊的精神侏儒，心比天高，命比谷贱。他们生活在幻觉之中，白天，他们比谁都潦倒；睡梦中，他们比谁都香甜。他们有本事一夜间梦到五次中举。他们除了圣贤，做什么都嫌掉价。圣贤既遥不可攀，他们的身子只能挂在半空，表演出种种可笑的失重形态。他们是千年古国特地培养出的无常怪物，袍袖里空无一物，却整天甩得猎猎生风。

他们是一种摇头晃脑的文化鬼魅。

他们“迂腐”吗？是的，但账得算到传统文化头上，正如中国古代的贞烈女子形成烈火般强烈的贞操观，同样得归罪于传统文化的邪恶影响。由于我一次也没有在西方文化中见到哪位读书郎有“孔乙己”式的性格，这使我敢于断言：“迂腐”根本不是一种性格，就像“小脚”根本不是“天足”。

正直

◇ 我相信只有傻到极点的人才会认为世上充满“正直”之士，也只有“正直”到荒唐程度的道德高士才会认为自己非常卑鄙，介乎其中的芸芸大众，则大多习惯于将“正直”揽在怀中，再哄其入睡。

一种人们很少过问的品质，人们理所当然地认为自己并不缺乏“正直”，就像他一点也不怀疑自己体内有根直肠，与此同时，他又奇怪地确信别人并不具备。我相信只有傻到极点的人才会认为世上充满“正直”之士，也只有“正直”到荒唐程度的道德高士才会认为自己非常卑鄙，介乎其中的芸芸大众，则大多习惯于将“正直”揽在怀中，再哄其入睡。在这点上“正直”又具有金钱的属性：每个人都想攫取。金钱必须搂在怀里不放，“正直”则不妨模仿散尽家财的豪客。关键是必须让每个人觉得自己“正直”，而不是清夜扪心时确认自己真有那玩意儿。后者是多余的，是书生气的，是靠不住的。没能让人觉察到的“正直”，理论上可以忽略不计，而让他人认识到自己多么“正直”，则手法众多，最最要紧的一条恰恰是：千万别让“正直”参与定计。

让“正直”在自己怀里长眠不醒，正是世上绝大多数貌似“正直”

者的本能选择。我们看到的，多是表演性的正直，而非再现性的正直。

我怀疑，“正直”作为一种品德，就像华南虎作为一种动物一样，正濒临灭绝，虽然它作为一个词汇不妨万古长青，在这点上它又和外星人相似，我们熟悉的只是它的音节而非它的真身，只是它可怕的传闻而非有血有肉的躯体。“正直”无影无形，就像波长，具有肉眼难以觉察的属性，人们只是误以为它具有某种外在形貌罢了。遗憾的是，很少人认识到，“正直”是一种内心姿态，天然不适合表演。由于真正的“正直”不可能给正直者带来春风得意之感，所以“正直”还是一种极易被忽略、被无视的姿态，就像潇洒本质上也是一种内心境界一样。在这个意义上，一个让人一眼就觉得非常正直的家伙，多半只是社交老手。鉴于每一位成功者都试图端出一副正直嘴脸（就像在另一个场合他可能会向你炫耀钱袋），这便使我们忘记了这个事实，在今天，“正直”只是一种凄苦的内心感觉，无利可图，无秀可作。当政客成功地为自己涂上“正直牌”橄榄油从而仕途得意之时，真正的正直者则被自己内心那股不得不“正直”从事的内在律令搅扰得家徒四壁，狼狈不堪。在巨型玻璃幕墙将都市的天空弄得光怪陆离的今天，“正直”遂成为一种类似江诗丹顿手表或宾利跑车那样的奢华品，装点在各类政客、掮客、嫖客和穴头的身上，从而将真正的正直者贬得灰头土脸。

因为“正直”就其本义，应指不折不扣地追求道德上的自我完善，当这份完善与眼前的、可见的现实利益发生冲突时，正直者的选择只能是坚决放弃它，退守到内心，将那份无人萦怀的内心感受视为无上佳酿，在心灵一隅自斟自酌。考虑到现实利益很少能兼顾道德完善的正直者对正直的坚守，除了一泻千里地导致现实人生的失败，几无二路可走。所以，既然“正直”不能当饭吃，让“正直”从人间消失，也许并非有违天道，也可免得世上的伪君子们多出一条终南捷径出来。

换一个角度更能豁然开朗，为什么很少有女人被称许为“正直”呢？显然不是女人天生比男人更少道德感，而是女人不想在这方面过于经营，过于累着自己罢了。这表明，“正直”其实是一种违拗常情的行为，它多少有点刻意。

不知幸耶非耶，就像热血青年总会成长为守旧老年一样，一代正直人倒下去之后，总会有新一代正直人站起来。也许，幸赖人的直立行走本性，遂使得“正直”也成为人的本性，可以百足之虫，死而不僵。

忠厚

◇ 生而忠厚，对他人意味着极大的使用价值和安全感，对自己只能意味着被开采的价值，这一点它和田地里的耕牛非常相似。顺着这个比喻，我们亦可得出结论：忠厚属于农耕时代的品质。

“忠”是忠诚，“厚”是憨厚，忠诚会给憨厚贴金，使憨厚升华，憨厚却只能给忠诚抹黑，令忠诚降格。于是，虽然身居高位者历来欣赏部下的忠诚，忠厚的家伙却只能远离宫廷，避开庙堂，老老实实地在街边待着，吧嗒着一盏烟斗，在条凳上矮身长蹲，逢人露一口笑牙，道一声“饭吃了没有”。——那意思当然不是请你撮一顿，而是表明：瞧，我正和您老人家套近乎呐。

在中华民族的传统美德里，忠厚无疑占有一席之地。这一点很重要，因为作为一种性格，忠厚并非四处吃香，比如在欧美民族那里，它就地位不尊，以致我此刻大拍脑门子，竟想不出一位西方世界的忠厚好人。在中国就太多了，我们完全没必要费神到文学或影视作品中去找，随便看看左邻右舍和单位同事，忠厚汉满地都是。

仅仅二十年前，一个男人只要拥有忠厚品质，就足以成为待嫁姑娘的“那口子”了。就婚姻而言，忠厚者可以最大先限度地确保婚姻之船不遭倾覆。如果“婚姻是女人的职业”（钱钟书语），嫁给忠厚佬虽然不是好职业，却也不会面临下岗危机。“咱那口子，有贼心没贼胆”，这就够了。浪漫之情固然没有，花言巧语固然不会，但寻花问柳也就不必担心了。中国传统型妇女在权衡利弊之后，往往也就认了。她们认为，婚姻就像钉马掌，首要的就是牢靠。鉴于这个认识有着极大的生活指导意义，大量忠厚佬的存在，事实上便奠定了家庭这一社会细胞的基石。小两口不用亲嘴也能把日子过得踏踏实实，无须调情也能生下一窝健壮的儿女，生活稳健得就像一席烧红的土坑，虽然土得掉渣，却也热气腾腾。

当然现在情况有所不同，至少今天的都市女孩，已不再愿意沦为忠厚佬的“那口子”了。随着城里女人流行管丈夫叫“先生”（世上最没道理的称呼），择夫标准也随之改变。虽然她们依旧不能容忍丈夫在外闹花心、蓄小三，但也不想付出有婚姻没亲嘴的代价。现在她们脚踩两只船，内心甚至不切实际地希望丈夫在内是浪漫的唐璜，风流至极；在外是彬彬君子，柳下惠二世。今天的女性普遍同意“男人就要有男人的样子”，甚至还会人云亦云地说什么“男人不坏，女人不爱”，那么，忠厚汉算不算男人呢？三十年河东，三十年河西，今儿个他突然不算了。

不错，忠厚意味着不会背叛，不仅不背叛婚姻，也不背叛领导，不得罪同事，总是一双手忙个不停，一个头点个不休。忠厚是一种依附性格，他的专长是追随，在家里追随老婆，在单位里追随领导和同事，永远不会主动发言，永远只会点头附和，一连叠声地说“那是那是”，“可不是嘛可不是嘛”。他缺乏激情，喜怒哀乐不形于色。不是出于世故，而是生活中的喜怒哀乐在他的意识层里总要降低一个等级。旁人感觉到侮辱的时候，他顶多感到一丝不快；旁人怒发冲冠时，他充其量把头扭向一边。害人之心没有，防人之心倒也看不出来。所以虽然处处容忍，事事吃亏，好在他缺乏这方面的敏感，倒也相安无事。相反，任何时候只要自以为赚了点便宜，立刻浑身躁动起来，内心冲突之激烈，不下于小偷初次行窃或姑娘首度失身。

中国人喜欢忠厚者，却未必愿意被视为忠厚者。这是因为，忠厚天然有着舍己为人的秉性，它是利他的，长着一只萝卜的样子。生而忠厚，对他人意味着极大的使用价值和安全感，对自己只能意味着被开采的价值，这一点它和田地里的耕牛非常相似。顺着这个比喻，我们亦可得出结论：忠厚属于农耕时代的品质。

自卑

◇ 自卑天然长着一副孩儿脸，哭笑之间转换极速，且外人很少能道出其所以然。

一个全然没有自卑感的人，如果不是火星人，八成便是精神病院的逃犯。反正，芸芸众生难免会有这样那样的自卑感，就像他们时不时有点头疼脑热一样。如果杨贵妃与赵飞燕能穿越时空见上一面，我怀疑，当贵妃娘娘正为自己的脂肥体态好生着恼之时，那厢的赵飞燕也在为自己的瘦骨伶仃而自惭形秽，两人各自把交织着羡慕与嫉妒的目光投向对方，虽然在寻常男女看来，她们本该像得胜的公鸡那样，除了顾盼自雄的骄傲就不会有别种情感。差矣，自卑天然长着一副孩儿脸，哭笑之间转换极速，且外人很少能道出其所以然。曾在一部美剧里听到一句精妙台词，是一位饱经风霜的三流女演员说的："所有女人，无论多么漂亮，都会对自己身体的某个部位充满痛恨。"这份痛恨一旦流露，便构成了自卑。

由于没有人能在生活中赢得全方位的胜利，一定程度上的自卑，遂成为概莫能外的心理体验。当然，自卑还是一种边界模糊且游移不定的性格，正如阿Q那样，他在赵太爷、假洋鬼子面前的自卑，并不妨碍他在王胡、小D面前嚷嚷道“你也配”。因此，自卑不仅有其特定的内容，往往还有其特定的对象，尽管该对象同样不那么固定，它也会随着职业的变动、健康状况的变化或心态的转移而如影随形地发生转变。

自卑，现在已成了现代心理学的一个专业用语，阿德勒爵士甚至借助对自卑的研究，在精神分析学领域牢牢占住一个山头。对我们来说，将自卑指责为一种负面的和必须加以纠正的性格，未必合适，事实上自卑常常成为觉醒的先兆。如果说“人贵有自知之明”，则这份“自知”往往首先来自自卑体验；接着，它极易转型为成功的跳板，使自卑者仅仅出于减弱自卑的愿望而在人世间获得有时还是意料之外的成功。众所周知，文坛硬派老生欧内斯特·海明威，恰恰是一个充满自卑情结的人物，由于总嫌自己不像男子汉才热心地去参加西班牙内战，与斗牛士交朋友，在墨西哥摆拳击擂台，再到非洲去猎狮的，最终，他把自己铸造成了一座以青铜为原料的男子汉标本。

健康的自卑，来自对自身局限的深刻认识，这样的自卑总是更接近于达观，一般也能更好地规划自己的将来：是回避它，另谋战斗空间？还是知难而上，以期获得虎口拔牙的成功？自可见仁见智，但不管采取哪种姿态，对你总没有坏处。可见，只要善待自卑，自卑在功能上便等于掷给自身的一只象征决斗的白手套，勇敢地接住它，意味着展开了一个无量前程。如果我们同意所有对世界的征服说到底都是对自身的征服，我们便有理由将自卑视为一种崇高情感。人们习惯以为自卑易导致悲观，殊不知两者貌合神离，同床异梦。自卑既出自上帝对人类的要求（大多数宗教都以贬抑人类尊严作为出发点），作为报答，它也就同时成了上帝安装在人类内心深处的一个导航系统。美好的人生，从善待自卑开始。

既然我们大家谁都免不了自卑，为什么总有些不争气的家伙，貌似自卑得特别厉害呢？我以为，不见得他比别人有着更充分的自卑理由，他只是比别人更看不开一些。比如，同是抱怨阳刚气不足，海明威坚决地走向了丛林和大海，试图让猎豹和大马哈鱼开导自己，有些人则孤独地走向内心，像一个重归子宫的婴儿，在内心世界蜷缩起身子，直到把生命打成一个解不开的死结。这样，他完了，由于个子矮小，他在人格上也走向了侏儒化；由于性的无能，他恨不得朝自己的阳具吐唾沫。

当然，自卑者未必都哭丧着脸，有时，自卑也会采取炫耀的方式。出于自卑的炫耀，通常格外讨嫌，他逮着空就会向你夸耀些不相干的内容，你只不过例行公事地问他一声“饭吃了没有”，他却有本事把自己又发了一篇什么论文、又参加了一次会议，镶嵌在答复之中。对此，你难免会想到《西厢记》里红娘对张君瑞的那句著名抢白：“谁问你来？”但抢白之余我还是要请你多一点同情，这家伙正闹着自卑呢。

自 负

◇ 自负成了自负者的宿命。他悠然自得地在人群中晃动着伞柄，反使得所有的朋友都像伞尖上的雨珠，没命地脱身而去。

一副谁都讨厌的嘴脸，尽管被讨厌者很可能认为自己堪称“实事求是”的楷模。他觉得自己比你强，他就不客气地用明白无误的语言、姿势或眼神，让你明白这一点。由于你拒绝认同，遂将他归入“自负”的行列。

与谦虚者时时留意他人正好相反，自负者根本不屑于打探他人眼色。他坚信“天生我材必有用”，同时认定“世人皆醉我独醒”，他确信自己的出生带有某种不可动摇的使命，相信上帝他老人家为此没少琢磨。举个例子，上帝造出寻常男女，也许不消一个时辰，依据的乃是批量生产的现代工业模式，而打造他这位爷呢，可就烦心多了，用的工具也与众不同，还得频频考证，依据的恰恰是精雕细镂的艺术创造模式。自负者认定别人只是类型，自己才是孤本、善本、珍本。卢梭在《忏悔录》里傲然声称：“大自然塑造了我，然后把模子打碎了。”所以，自负者理所当然地觉得，让别人在自己面前显出一脸蠢相，乃是他回报造物主的唯一方式。

使自负得以成立的心理基础是他觉得自己天生高人一头，因此不与侪辈为伍，在他是最最自然的情感，没有丝毫矫情之处。正如我们在杀一只鸡时一般不可能设身处地地替鸡们的皮肉之苦着想一样，自负者在盛气凌人地冒犯他人之时，也拒绝设想被冒犯者可能的不快。他的心理构造里有一种特殊成分，该成分会帮助他贬低他人的感受，以便跷起自己那条二郎腿。自己的感受与他人的感受，他用的可不是同一把尺子。他可能不自觉地以为，自己的手指甲值得用最名贵精细的象牙工具修剪，而别人的指甲，用杀猪刀锉锉也就算不坏啦。

意识到自己与众不同，并不意味着非得端出“自负”嘴脸来，比如现代政治家大抵觉得自己高人一等，也会有一种天下安危系乎一身的甜滋滋的感觉，但为了自己的职业，为了赢得选民的信任，他又不得不压抑这份感觉，就像已故法国总统密特朗为了隐瞒自己不那么喜欢孩子的真相，不得不见到孩子的头就摸一下，甚至还特意要求前来赴宴的夫人们把孩子带来，以便他有足够多的机会，在记者的镁光灯下抚摸尽可能多的孩子头。

与密特朗级别的人物比较，不管自负者如何自命不凡，他的态度相形之下也就显出了某种低下之处。自负是一种处于毛坯状态的性格，还有待于世故风雨的打磨清洗，何况，从利益上说，自负者几乎不可能从自负中得到多少好处。他既然连自负只会讨人嫌这一点都不知道，则又表明他还不配自负。于是，自负成了自负者的宿命。他悠然自得地在人群中晃动着伞柄，反使得所有的朋友都像伞尖上的雨珠，没命地脱身而去。

自负之招人嫌恶，实在也是必然的。自负与自信最大的区别在于：

自信往往有明确的对象，其体现方式也有某种场合上的必然，比如运动员上场比赛前大吼几声（姑且不论这吼声是出于自信还是为了壮胆），一般不会受到指责，因为人们普遍同意，一个人在这种场合就必须拿出点精气神来。自负就不同了，它的体现往往没有明确对象，也与场合无关。比如说，这位自负者虽然能打得一手好乒乓球，但目前比赛的乃是斯诺克台球，那本是这位仁兄一窍不通的，按说他得谦虚点才是。然而不，他偏偏在一边不断地歪斜脸，眉眼鼻里一刻不停地表达着不屑之情，其含义只能在如下范围内任选其一：一、打台球算什么本事，纯属猫戴眼镜充斯文之举；二、我只要稍稍练习几下，还不把你们一个个收拾得落荒而逃；三、一个人在这类鸡毛蒜皮的事情上越能干，只能说明他越不配干大事。——所以，他便在一边不断地哼哼起来，直到所有的旁观者都在心理图像里把他的鼻子想象成一朵被打烂的桃花为止。

这说的自然是等而下之的自负者，至于卢梭之流，我就略过不提了。

自恋

◇ 对于强者，适度的自恋可以助他走向更强；对于弱者，不太过分的自恋亦不失为一根生命拐棍，可以让他至少不再落寞寡欢、郁郁不振。

“丑人照镜子，总看不到自己多么丑，只看到别人所看不到的美。自命潇洒的‘帅哥’，照不见他本相的浮滑或鄙俗。因为我们镜子里的‘镜中人’，总是自己心目中的‘意中人’，并不是自己的真面目。”这是杨绛先生 96 岁高龄时写下的人生经验。

最后那句话，完成了对“自恋”的勾勒。

关于自恋的评价大多是负面的，今天我试着从正面说说。自恋是个颇难措手的词儿，我们找不到一种明确的态度来面对它。一个人会因为自恋而让人反感，也会因为自恋而变得病态，反过来，一个人若没点自恋之心，恐怕就完蛋了。试拿俗语“王婆卖瓜，自卖自夸”来举例，该俗语似在嘲笑王婆的自恋。还原一下历史情境，王婆种的瓜多半不怎么样，因为，如果她的瓜个大瓤甜，天天销售一空，这句俗语就无从产生了。那么，难道王婆就该向顾客老实招供“我的瓜不咋地”吗？当然不行，这有违买卖人的立场。再进一层设想，情况还可能是这样：如同老话“癞痢头儿子自家好”一样，王婆坚信自己的瓜就是与众不同，别人嘲笑她的瓜，乃是不识货，没有品出这些瓜的独到之处。王婆还可能将编派这句俗语的人（也许是竞争对手）视为嫉妒者，所以，甭管摊位是否冷清，她依旧自卖自夸。我去吴江同里镇时，见识过一家面馆，旗幌上大书“天下第一面”五字。我的第一反应是：遇到当代王婆了。“天下第一面”味道如何暂且不管，价格倒相当便宜，为求好好享受，我答应出双份价格，要求老板多上一份浇头。一碗双菇面五元钱，一碗鲍鱼面也是五元钱，谁都算得出来，我花十元钱买一份双浇面，等于让老板多赚一碗光面钱。做小生意的人，这点小账个个门儿清，谁知老板把头一拧，傲然答道：“本店向来不坏规矩，想吃双浇，您上别处吧。”我一愣，只能恭敬不如从命，单吃一碗双菇面了事。

该如何评价这位小老板呢？这碗面，味道尚可，但“天下第一面”的说法，实在夸张过度。他是自尊吗？好像是的。由于这碗面并未美到他自夸的程度，这份自尊里也就掺杂若干自恋了。他的行为像极了卖瓜的王婆，但把他等同于王婆，我又觉得涉嫌污蔑。

判断一种行为算自尊、自强、自信还是自恋，看来不仅取决于此人的实力，还取决于我们对其实力的认可程度。王婆的瓜只要够好，绝不会有人笑她臭美，就像这位面馆老板，只要他的面确实地道，自称“天下第一面”就不叫自夸，而叫自信。如此，自恋一词，主要是针对实力不济的弱势群体下手的，而如李白这样的天才，自诩“天生我材必有用”都没人笑他自恋，我们反而视他为“养吾浩然之气”的励志榜样。同样的“照花前后镜”，出自西施辄有“花面交相映”之效，出自东施就“里外不是人”，活该受人耻笑。尼采以超人自居，别人也不敢说他一声“不配”，王婆仅仅夸了自己的瓜几句，就落下千古笑柄。可见，是否自夸，并非衡量“自恋”的标准。

那么，对于实力不足、境遇不济或长相不佳的人，我们是否就希望他们老老实实，做小伏低，有多大能耐说多大话，永远不要对自己高看一眼呢？我不这么看。对于强者，适度的自恋可以助他走向更强，有西方学者甚至认为，“意志极端坚强就是一种恶。这种人非常自恋、以自我为中心、个人的意志至高无上”。对于弱者，不太过分的自恋亦不失为一根生命拐棍，可以让他至少不再落寞寡欢，郁郁不振。我们每个人来到人世，禀赋不同，机遇悬殊，但人之为人，在渴望理解和尊重方面，并无本质差异。强者可以通过他人的掌声及羡慕的眼光来愉悦心灵、提升精神，弱者凭什么非要通过自谦自抑来打压精神、颓唐情绪呢？不，弱势者借助自恋来求得一定的慰藉，不仅情有可原，还能使他的人生远离晦暗。成功也是需要一个戳印的，有时，用自欺欺人的方式给自己加盖一个小戳记，不无小补。何况，对弱势者来说，如果缺乏起码的自恋，他还可能自暴自弃。至于普通人，奥斯卡·王尔德的见解或许也能振奋一下精神，他说：“自恋是一个人一生浪漫的开端。”

诺贝尔文学奖获得者托马斯·曼曾赞誉本国的文化伟人歌德具有“出色的自恋”，并认为该种自恋与“过分严肃的自负”结合，构成一种巨大的美学成就，且“是‘虚荣’这个狭隘字眼无法承载的”，读来别致。当然，还有一种民族自恋，它通常总是错误的，但由于和民族主义情感紧紧结合在一起，遂发展为世上最容不得质疑的神圣情感，我们最好对它警惕些。叔本华对此曾有过精妙的评论，值得引用于此：“最廉价的骄傲就是民族的自豪感。沾染上民族自豪感的人暴露出这一事实：这个人缺乏个人的、他能够引以为豪的素质。如果情况不是这样，他也就不至于抓住那些他和数百万人所共有的东西为荣了。拥有突出个人素质的人会更加清晰地看到自己民族的缺点，因为这些缺点时刻就在自己的眼前，但每一个可怜巴巴的笨蛋，在这世上没有一样自己能为之感到骄傲的东西，那他就只能出此最后一招：为自己所属的民族而骄傲。由此他获得了补偿。所以，他充满着感激之情，准备不惜以‘牙齿和指甲’去捍卫自己民族所特有的一切缺点和愚蠢。”

自私

◇ 自私是情感的起源，也必然构成情感的归宿，人类的自私心若得不到满足，我们将永远失去微笑的理由。

自私首先是人的本性，而非个体的特征。人类所有的情感——包括人类最崇高的情感——都无法绕过自私而单独体现，正如所有的食物都必得经由肠胃一样。说起来自私还是和人性同时复苏的，它们像八拜之交的朋友，共同走上文明之途。我们可以说“劳动创造了人”，也不妨说“自私创造了人类文明”。

我们都知道，文明起源于对私有财产的确认，婚姻也源于对自身占有欲的妥协。爱情的自私属性原是不言而喻的，爱国主义不妨是国家或种族的自私，人道主义则是放大的人类自私。“天地间，人为贵”的思想显得伟大，无非听者都是人类罢了，无非满足了人类的集体私欲，鸡鸭鱼狗和那只还在日渐稀疏的山林里寻找最后栖息地的华南虎，肯定对这一思想咬牙切齿；至于那些早已被人类斩杀干净的可怜物种，则还可能以厉鬼的方式缠绕我们，诸如厄尔尼诺或沙尘暴现象，多半就是它们的缠绕方式。我相信在这一点上，上帝多半不会站在人类一边，除非我们胆敢假设，上帝由于数千年来接受了人类大量祭祀赞颂，头脑昏沉，因而也像“吃了别人嘴软”的人间昏官一样，转而放弃了公正，认同了人类乃“万物之灵长”的观念。如果真是这样，我们只能进一步感叹“自私”的强大，人类已无所逃于“自私”之间。

附会一下，这点道理也可从汉字构造里看出端倪：八厶为公，公只是一群抱成团的自私而已——由此我们亦可附带看出“大公无私”这个成语的不通。公是私的集合，能够满足最大多数人私心的东西，我们称为“公心”。自私是情感的起源，也必然构成情感的归宿，人类的自私心若得不到满足，我们将永远失去微笑的理由。人与人之间的不少摩擦不快，往往只是两股（或多股）自私势力短兵相接的结果，而非慷慨与自私之间的较量。

另一个道理亦显而易见，即高尚是高尚者的盲点，自私是自私者的黑洞，一个人越自私，他便越容易将他人视为自私者，就像一个人越是好色，一般也越会倾向于认为“女人都是水性杨花”。比如老葛朗台搂了钱后老是东藏西掖，当然是坚信别人都不是好东西，都在一边窥伺自己的钱袋。换言之，自私也是视他人为“自私者”的唯一动因：一个不愿意借钱给你的人，必定是自私的，尽管借钱本身就已相当自私地建立在这样一个心理基础上：你比别人更有权使用那笔本来不属于你的钱。当人的私心（它有时被称作权利）得不到满足时，人们立刻会得出结论：人都是自私的。它的时髦说法是：他人是豺狼。

没错，一个老在别人耳边数落“张三小气”、“李四吝啬”的家伙，肯定不是慷慨之士，你有了难处千万别指望他的帮助。同理，一个老是举例说明自己如何慷慨的家伙，也慷慨不到哪儿去。

正如所有的人都多少有一些想象力，而我们习惯于将想象力特别出众的人称为诗人一样，所有人也都有那么点自私心，我们将自私心最少的一类称为慷慨之士，将自私心最为丰盈的家伙称为吝啬鬼。慷慨还是吝啬，只有程度之异，并无性质之别。人们对“自私”的界定从来就有点稀里糊涂，简而言之，自私可分两种，一种是可以给他人带来好处的，一种是只能给自己带来好处的。前者甚至会被人理解为高尚之举，后者才是真正为人诟病的自私。

然而“自私”真有那么多值得谴责之处吗？自私，究其本意，可说与人无害，吝啬鬼的藏钱行为并没有伤着谁，说不定还有助于国家的金融事业，那么为什么要瞧不起他呢？为什么特别在乎别人有钱不借呢？我只提供如下事实：葛朗台的创造者，那位伟大的法国批判现实主义作家，本身对待金钱的态度，也是绝对谈不上慷慨的，他爱巴黎吉祥路上的豪华公寓和丰盛嫁妆，更甚于爱妻子。而俄国的果戈理贪起朋友便宜来，据说也是他笔下最大的吝啬鬼都远为不及。

做作

◇ “做作”既然是违心的结果，当一种原属外在的表情走着走着竟与心路重叠，“做作”也就消失不见了。

做作有低级、高级之分。

我们发现有些家伙在照相机镜头前永远表情扭捏，平时很规矩的女孩子，此时眼神乱瞟，牙齿乱迸，胸脯的起伏无章可循，声音的抑扬一头雾水；平时很随和的大男人，此时也脸儿一肃，全身处于一级战备状态，眉眼鼻高度戒严，非得拾掇出一副谁看了都别扭的表情来。这便是“低级做作”。

“高级做作”正相反，他把分明不属于自己的喜怒哀乐，收拾得一如己出，无论俨然愤然木然还是蔼然肃然颓然，都能招之即来，不露斧凿之痕。“高级做作”有再造自然之效，以至做作者与所欲扮演的表情，了然无痕，亲如一家。其最高境界是，有些做作者通过长期锤炼，竟仿佛给自己做了一次人工植皮手术，那做作的姿态成了他家常日用的表情，最终他竟然回不去了，类似长借不还。一个长期模仿淑女举止的女孩，最终有可能真的成为淑女；一个一心想成为男子汉的小伙子，最终也可能成长为一条响当当的汉子。在这个意义上，“高级做作”成了文明教化的产物。说起来，文明的本意正是让我们脱离蒙昧状态，一言一行皆能中规中矩。一个顽皮的男孩因为不断接受教育而逐渐知书识礼，诚实稳重，我们显然不能用“做作”来看待他前后性格的变化，虽然他的成长过程,正与各类做作相始终。就是说,所谓做作,也未尝不能视为一种“成长的烦恼”。

这样看来，“做作”源自某种非分之想，或有待进一步修饰整理的仪表举止。由于修饰不力，整理欠妥，故暂时呈现为某种风度、神情的毛坯形态。当一个人试图体现自己并不具备的风采，展示自己库存有限的学问时，我们最容易瞧出“做作”来。

如此，“做作”成了心怀鬼胎的结果。这“鬼胎”当然林林总总，不能一概而论，有时是心怀美胎，有时是心怀帅胎，有时是心怀酷胎，有时是心怀学胎，有时也可能是心怀阔胎。照相机前的扭捏作态，即是心怀美胎而不得。同理，暴发户嘴脸往往是滥用“阔胎”的后果，那些被讥为“半瓶子醋”的人,则是因“学胎”不足而导致步履踉跄、车胎漏气，遂落下“做作”的把柄。

不同的人展示“做作”的场合也各有不同，一位成功的演员或主持人，不太可能在镜头前显得“做作”，在镜头前他早已与“做作”物我两忘了,但当他想借着镜头前成功的余威顺脚入别种领域(如写一本书)，“做作”就像地雷一样，在他的宝贝大作里不时踩响。为了讨好某位领导，人们不得不在脸上刻意挤堆出一摊肉麻笑脸来，老于此道（或所谓“天生媚骨”）者可以把这副笑脸中的雕饰成分收拾得如清水出芙蓉，初次入局者则难免处处露出破绽。“做作”既然是违心的结果，当一种原属外在的表情走着走着竟与心路重叠，“做作”也就消失不见了。就这个例子而言，拙劣的做作者较之做作老手，虽然观赏效果大为逊色，实际上却更加可信可爱些。——当然，也有情场老手在少女面前故意示拙藏巧的例子，他已经完成了做作的第一循环，更上层楼，本属不得已的做作，此时转化成一件趁手工具。对这样的家伙，我们欣赏之余，只能继以苦笑了。如果迷信眼泪的证明力，中国妇女就有着世界上最满意的婚姻率，因为她们最擅长在丈夫的葬礼上涕泗交迸，其实我们知道，不少眼泪主要是屈从于传统礼节。语言未必是心声，眼泪也是。

“做作”易形成观感上的不适，不过考察“做作”的本意，往往并不值得诟病。“做作”除了会导致人格下滑，还可能引领生命上升。一个缺乏幽默感的人不断表示要讲一个笑话，会让人觉得“做作”，然而他竭力使自己幽默些的努力，不也非常可取吗？我们还发现，“做作”有时是一种场合上的必要，新嫁娘在洞房花烛夜若没有点半推半就、“先抑后扬”的“做作”，准保把她的小郎君吓个半死——当然，“后现代”和“后后现代”男女除外。

新版后记

小著诚不足道，但默认自己，无视惠予帮助的朋友，又过于放肆。

本书撰写、出版过程中，来自相识或不相识的朋友的热情鼓励和具体指导，严正批评和细节纠谬，不绝于途。早在本书酝酿之初，老友张扬、刘漫流、张远山、余世存先生就给予了慷慨的指点和纠谬，远山先生用力尤勤。在小著还不具备一本书的初始轮廓之时，许纪霖先生曾介绍给《萌芽》杂志发表。本书最终得以完成，缘于《书屋》聂乐和、祁光禄先生（祝祁先生安息）的鼓励，他们决定在《书屋》上连载小文，迫使我必须在有限的时间内把它完成。尤其让我感动的还有老友刘刚先生和女史李冬君博士，他们在美丽的千岛湖畔给了我具体指点。本书最初交由海南出版社出版，也缘于这对伉俪的推荐。作家何立伟先生慨允为本书配画，他的漫画不仅让小著大为增色，本身还具有独立的欣赏价值。当然，内举不避亲，妻子王蓓绝非绵薄的贡献，也是我无权隐瞒的。她对拙文数十年如一日的苛评，使我的叙述避免了大量错误。在她类似司法鉴定的朗读声中，拙文往往显出破败酸窘之相，我甚至听到了崩溃声。

小著 2003 年 1 月出版后，出于某种洁癖，我又对全书做了较大规模的修订，除却文字修饰，还增写了十几则“卡片”。来自读者的批评指正（恕不一一罗列大名），我也最大限度地接纳，它们体现在 2009 年的再版中，由中国发展出版社出版。五年后，当小著有幸再获出版，我难耐旧习，又对小著作了若干文字修饰。我尊重那些从不修改旧作的作者，但我坚持认为，将自以为最拿得出手的文字交给读者，是作者的义务。

我对朋友的感谢，不等于拉他们充任本书同谋，或在任何意义上借以壮胆造势。小著中所有愚蠢表达，概由作者负责。

这篇后记，是在初版、二版跋语基础上修改而成的。一本小书，不值得用多篇跋语来壮行色，能省就省吧。特此说明。原书还有一个“自序”，年华老去，所述内容显与今日脱节，遂断然舍弃。

周泽雄